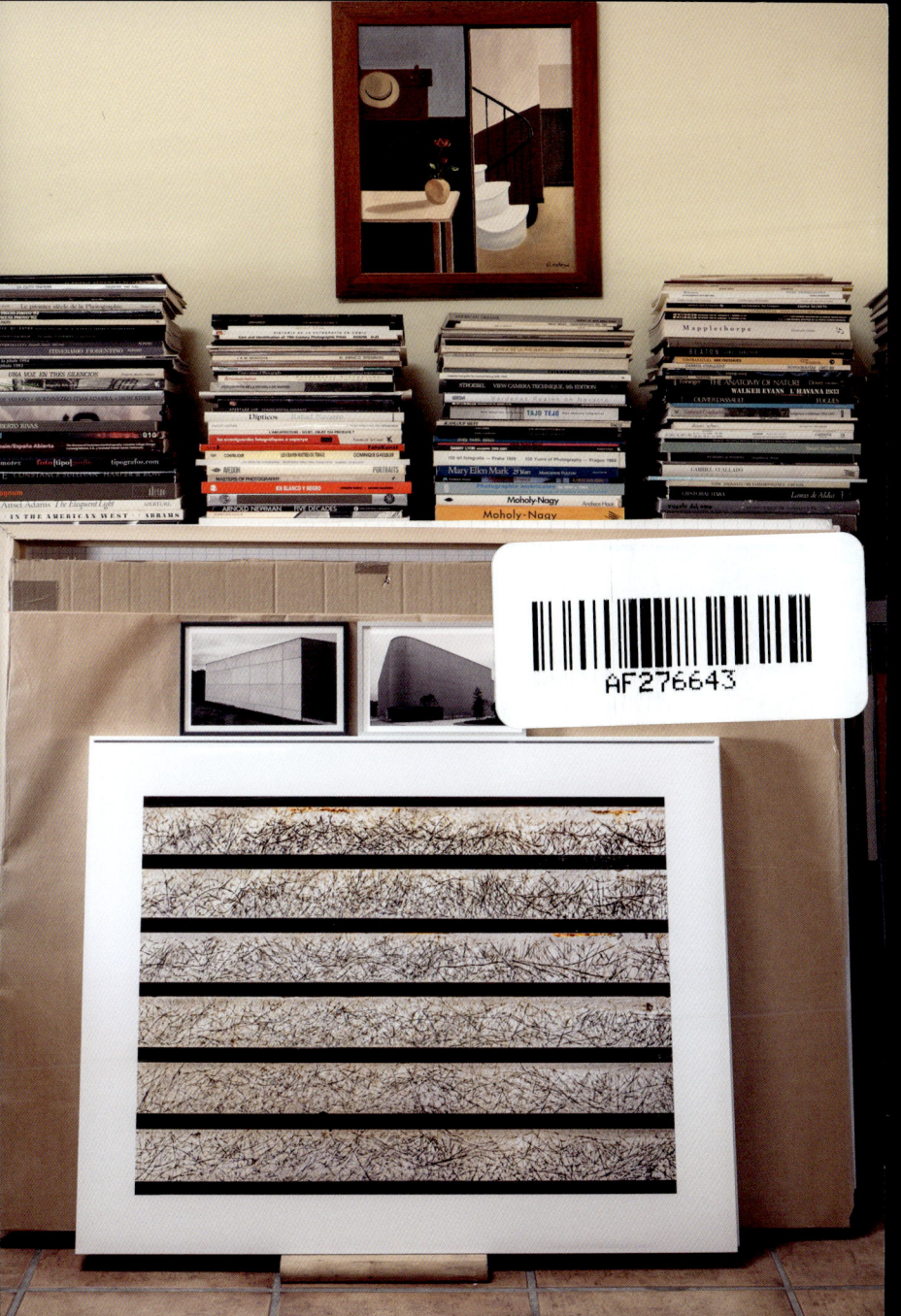

AF276643

Carlos Cánovas

PHoto**Bolsillo**   LA FABRICA   **MUSE♀A** DE NAVARRA   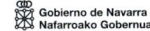 Gobierno de Navarra
Nafarroako Gobernua

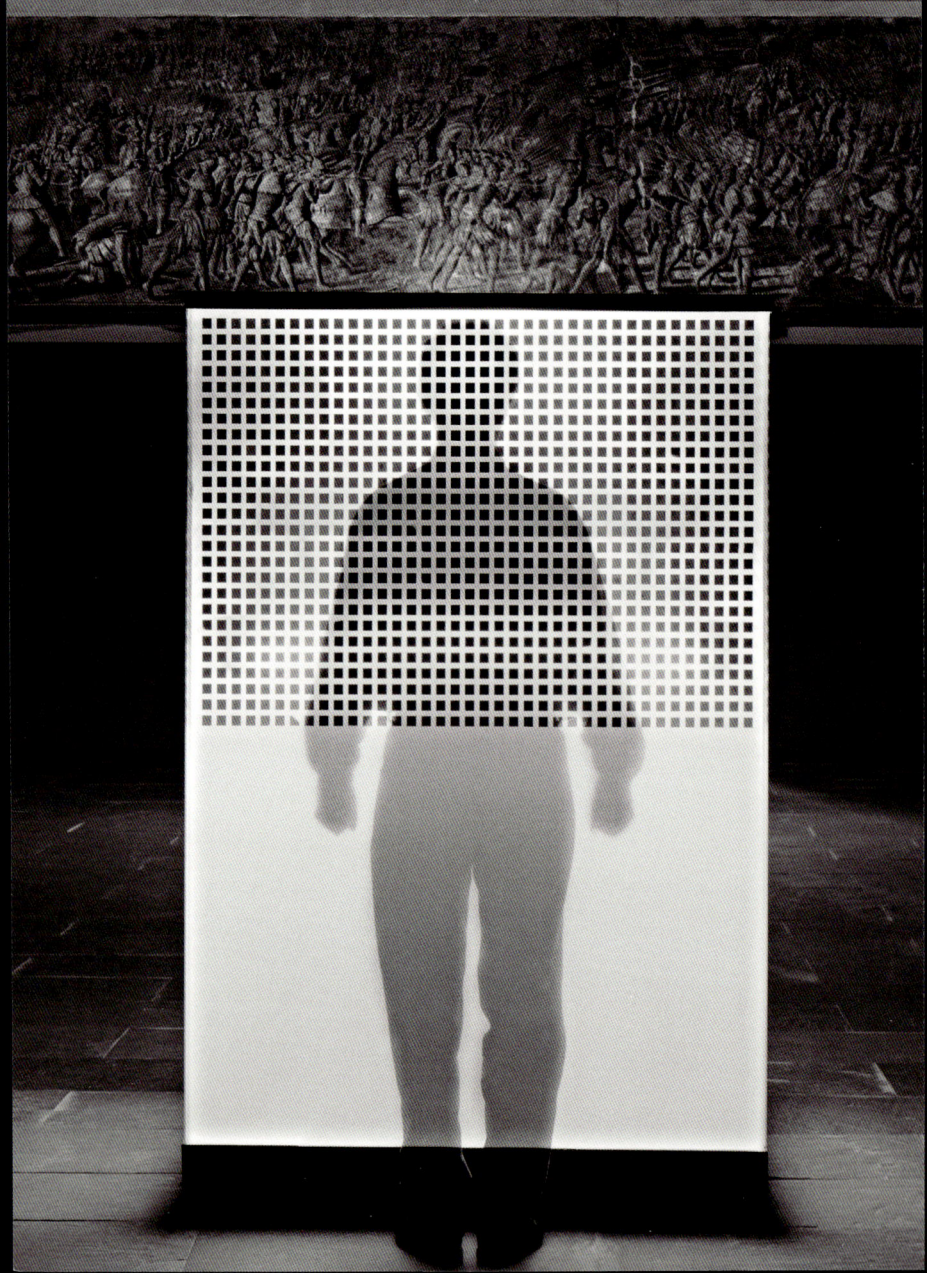

Carlos Cánovas
Construir fotografías
Por Alejandro Castellote

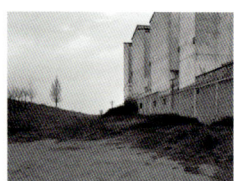

Pamplona, 1993
Serie *Paisaje anónimo*

Dice Luis Camnitzer, uno de los artistas conceptuales latinoamericanos más influyentes, que la labor de la pintura realista, antes de la aparición de la fotografía, «consistía básicamente en trasladar puntos desde la realidad al lienzo. Cuantos más puntos, más apariencia de realidad. El virtuosismo de los pintores permitía al público admirar la habilidad y el tiempo empleado en representar, en volver a presentar, el original en el lienzo. Pero el desconcierto llegó al ver que la cámara fotográfica recogía toda la información de golpe y en una resolución mucho más alta que la mano del pintor. Ya no había que acarrear nada. Más que robar la imagen, la fotografía les robó el tiempo».

En 1841, Rodolphe Töpffer, pedagogo, literato, pintor y caricaturista suizo, reflexionaba también sobre el advenimiento de la fotografía: «La cámara proporciona una imitación idéntica de los objetos, pero la máquina es incapaz de ir más allá. En este punto, su trabajo ha concluido y es el momento en el que comienza el del artista. [...] El artista, en el momento mismo en que se apropia del procedimiento, que es común a todos, para utilizarlo en función de ese sentimiento que le es particular, lo transforma inmediatamente en un *hacer*, es decir, en un modo ya no de imitación sino de expresión»[1]. Quintiliano, a principios de nuestra era, ya afirmaba que el arte solo se desarrollará «por lo que se añade». Se refería a las posibles carencias de la mímesis aristotélica.

Carlos Cánovas, como muchos fotógrafos, se aplicó en sus comienzos, hace ya más de cincuenta años, a dominar los procedimientos tecno-químicos de la fotografía para conseguir el mayor realismo posible, unos protocolos en los que resuena el famoso *téchne* de los griegos. Desde entonces, se sirve de la luz, del encuadre que concede a los fragmentos, de la distancia focal de sus objetivos o del espectro de tonos y de contraste de sus negativos y positivos, para ofrecer una visión sólida y nítida de los escenarios que fotografía. Por eso siempre ha trabajado con películas de baja sensibilidad, utilizando reveladores que eliminen el grano, esa *pantalla* superficial que desde la aparición de la cámara Leica ha inducido la lectura de las fotografías hacia el relato de acontecimientos: al reportaje. El uso del grano también lo ha utilizado el cine —en las películas de super-8, por ejemplo— para añadir una capa de indefinición que sugiere relatos vinculados a la memoria.

---

[1] *Buscando lo imposible. Volumen 3. Praxis.* «Rodolphe Töpffer. Sobre la placa Daguerre: a propósito de las *Excursiones daguerrianas.* Reflexiones y trivialidades de un pintor ginebrino (undécimo opúsculo), Ginebra, marzo de 1841». Ed. M. Llorens y R. Mutell. Traducción de Ana Galán, Museo Universidad de Navarra, 2023, pág. 305.

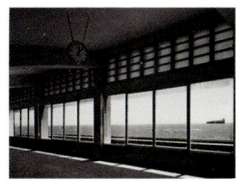
Alicante, 2001

Sin embargo, Cánovas siempre ha querido cruzar la frontera de la duplicación de la realidad. Siempre ha intentado añadir algo más. Lo cuenta a través de los muchos textos que ha escrito sobre su obra. En ellos describe el andamiaje estructural de sus fotografías y revela su voluntad de expresar, aunque solo sea de forma tangencial, *lo indecible*. Para ello despliega una minuciosa epistemología, que explica la construcción metodológica y racional de sus fotografías, sus dudas y, tal vez, lo más singular en su obra: la pulsión emocional adherida a ellas. Una suerte de excavación sistemática de los estratos sucesivos en los que cohabita con esa otra pulsión fundamental en su vida, la escópica, que le otorga la capacidad de percibir imágenes, de percibirse a sí mismo a través de ellas y de contar su experiencia a los demás. El conjunto de sus textos, anotaciones y citas cuidadosamente elegidas reflexiona sobre los elementos que componen su *gramática personal*, entendiendo por gramática lo que George Steiner define como «la organización articulada de la percepción, la reflexión y la experiencia; la estructura nerviosa de la conciencia cuando se relaciona consigo misma y con otros»[2]. Algo que Cánovas ha resumido años después en una sola frase: «Quería que la cámara viese como yo», una declaración que exhibe y subraya la íntima conexión entre creador y creación.

Esa sería su poética: el estudio que hace un autor sobre su propia obra, según definición de la Real Academia Española. Sobre esta poética y sobre la otra, la que caracteriza su mirada, se fundamenta la esencia de su trabajo. La suya es una mirada lírica que se nutre en lugares no cartografiables: los espacios liminales, esas zonas de ambigüedad en las que algo deja de ser lo que era para, potencialmente, transformarse en alusiones a lo que él llama «el tiempo suspendido» o en visiones situadas en el umbral de la percepción. Tal vez la palabra que mejor explicaría su obra fotográfica es *Ansichten*, un término que en alemán goza de un carácter polisémico; puede ser interpretado como «vista», como «visión» o como «cuadro», en el sentido pictórico.[3]

---

[2] George Steiner. *Gramáticas de la creación*. Ediciones Siruela, Madrid, 2001, pág. 15.

[3] Este término lo utilizó Humboldt para titular su libro *Ansichten der Natur*. Para la historiadora Elisa Garrido Moreno, «*Ansichten* es el concepto más interesante para estudiar a Humboldt. Es la idea que mejor representa la visión humboldtiana de unión perfecta entre ciencia y arte, entre análisis riguroso y la expresión de sentimientos que la naturaleza provoca en el hombre». Elisa Garrido Moreno, *Arte y ciencia en la pintura de paisaje. Alexander von Humboldt*, Departamento de Historia y Teoría del Arte, Facultad de Filosofía y Letras, Universidad Autónoma, Madrid, 2015, pág.16 (tesis doctoral).

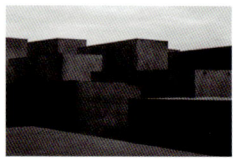
Berlín, 2007

Empecemos con las «tapias», que dan nombre a una de sus primeras series. Un elemento que a lo largo de toda su obra alterna los roles que él denomina «de prohibición y de pantalla». La tapia le permite la separación del primer plano con el fondo, otorgándole la distancia pertinente. Es un obstáculo para la mirada, pero también es un elemento que permite organizar el recorrido óptico por la imagen y que, sutilmente, guía y escalona la mirada del espectador en la contemplación y compresión del contenido. Ayuda a construir visualmente la noción de perspectiva, tanto en la ausencia de fugas como en las vistas que incluyen un punto de fuga evidente. Y a menudo puede convertirse en el elemento protagónico de la imagen. En este caso, adopta la función de pantalla para las sombras. Una pantalla, como diría Émile Zola, tan transparente que niega su propia existencia. Sobre ella registra una proyección bidimensional que nubla y desarticula el realismo de la representación. Adquiere, sin subrayados, una categoría pictórica: realiza el tránsito de la profundidad renacentista al «plano modernista», epítome de la pintura abstracta para Clement Greenberg.

La sombra, como dice Victor I. Stoichita, siempre ha sido el pariente pobre del reflejo, es decir, se sitúa alejada de la verdad y por tanto distante del paradigma especular que sustenta la mímesis aristotélica. «Es un doble irreal pero semejante» y es ahí donde se abre una puerta que permite introducir en el hiperrealismo fotográfico un elemento que muta con la luz, lo que convierte la sombra en matriz de la ilusión óptica. También, en algunos casos las sombras adoptan una segunda función: la de convertirse en metáforas con matices poéticos. Transportan la lectura de lo representado al lugar donde habitan la contemplación y la imaginación.

Los paisajes

En el año 440, Zong Bing, un pintor y músico chino, recogió en las primeras líneas de su *Introducción a la pintura de paisaje* la primera mención escrita a ese constructo cultural que es el paisaje: «En cuanto al paisaje, aun teniendo sustancia, tiende al espíritu». Augustin Berque, geógrafo y orientalista marroquí, rescató esta cita inaugural y amplió sus significados: «El paisaje posee a la vez una existencia física, que en sí misma no supone la existencia humana, y una presencia en el espíritu humano, que supone necesariamente una historia y una cultura».

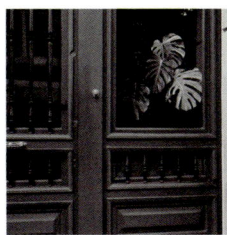

A Coruña, 2014
Serie *Plantas dolientes*

En los paisajes de Carlos Cánovas, los urbanos e industriales y los fronterizos con la naturaleza, abunda esta ambivalencia descrita por Zong Bing. Sus series *Extramuros*, *Deriva de la ría*, *Ría de hierro*, *Paisaje sin retorno*, *Vallès Oriental* (1990), un encargo de Pere Formiguera, o algunas fotografías de *Paisaje anónimo* ilustran esa convivencia entre las sustancias materiales y visibles y la deriva visual que abre la puerta a relaciones inmateriales e invisibles. Exhibe en ellas los tres niveles de la vida de un paisaje que propone Berque: «El de la naturaleza, el de la sociedad y el de una persona, la que contempla un paisaje presencialmente o través de una representación»[4]. Cánovas representa el paisaje de estas *urbes dolientes* a modo de palimpsesto, un lienzo sobrecargado de huellas y signos del pasado, reescrito en el presente. Registra esos «territorios en transformación» mostrando la obsolescente identidad de esos lugares a los que llegó la revolución industrial —la textil en ciertas zonas de Cataluña y la siderúrgica y naviera en Vizcaya— a mediados del siglo XIX. Las ruinas posindustriales son en estos proyectos un tropo visual de naturaleza esencialmente metafórica, porque la atención que les dedica Carlos Cánovas tiene más que ver con ese atributo de «tiempo suspendido» que desprende su contemplación y que tanto le fascina.

En el ámbito urbano y en sus límites es difícil encontrar paisajes naturales aislados de la domesticación humana. Por eso, la naturaleza que se ha hecho salvaje en medio de las ciudades ha llamado la atención de Cánovas. Las fotografías de árboles y malezas sin podar tomadas en zonas urbanas de Pamplona y reunidas en la serie *Paisajes recónditos* sería la némesis de las *Plantas dolientes*, una serie que atraviesa las primeras décadas de su trayectoria. Las plantas domésticas y las domesticadas de esta serie actúan como intermediarias para viabilizar en imágenes una velada mención al «drama de soledad y dolor», en palabras del fotógrafo, que rodea a las plantas de ciudad crecidas en contacto con los humanos. Un contexto que hoy llamamos críticamente Antropoceno. Las plantas, en general, son un motivo al que continuamente regresa, independientemente del encargo o auto-encargo que esté realizando. Por supuesto, las clasifica en series con nombres diferentes. Es de suponer que su necesidad de organizar le ayuda a controlar la dispersión de sus intereses como fotógrafo. La última de estas series rinde homenaje a un álbum

---

[4] Augustin Berque. *El pensamiento pasajero*. Ed. Javier Maderuelo. Traducción de Maysi Veuthey. Biblioteca Nueva, Madrid, 2009, pág. 83.

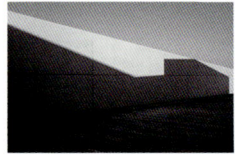
Pamplona, 2017

creado para ser la banda sonora del documental «La vida secreta de las plantas», de Walon Green. El disco, no demasiado conocido, se titulaba *Stevie Wonder's Journey Through "The Secret Life of the Plants"* (1979), un dechado de sensibilidad que algunos críticos calificaron como «dolorosamente dulce», y «desconcertantemente bello». Descripciones que bien podrían aplicarse a las emociones que brotan en lugares inesperados de las fotografías de Cánovas, y que le sirven para compartir su propio proceso de subjetivación. Una suerte de solipsismo de baja intensidad.

Caminar

«Mi ritmo fotográfico es el de caminar», dice Cánovas, y eso le emparenta con Thoreau[5]; pero, sobre todo, nos da una pista esencial para entender el modo en que trabaja: caminando y deteniéndose. Cabría también mencionar, hablando de familiaridades lejanas, al grupo de los situacionistas, quienes, a mediados del siglo XX, utilizaron estrategias que han pasado a la posteridad como características del movimiento; la más conocida es la *deriva psicogeográfica*, ese vagabundeo por la ciudad, guiado únicamente por el influjo de los ambientes, que pretende registrar y entender los efectos que genera en las emociones y en el comportamiento de las personas. Al final, caminar es también una manera de verse a sí mismo, de estar consigo mismo en soledad, imbuido por el propósito de mirar y representar. Caminar a solas es una estrategia universal que activa la reflexión. Dicen los neurocientíficos que andar facilita el tránsito y el intercambio entre el hemisferio racional y el emocional, derecha–izquierda, etc. No parece descabellado aventurar que el estado mental surgido de ese deambular sin rumbo que precede a la toma de sus fotografías influya sobre la atención que dedica a una escena en particular. Él nos lo aclara: «Mis fotografías no son el resultado de una experiencia del lugar. Al revés, surgen cuando ese lugar, repentinamente, se presenta. Se presenta y me hace consciente de su presencia». Dicho de otro modo, «solo desde la soledad podemos tener "conciencia del lugar"».

Dos asuntos son fundamentales para comprender cómo construye la estructura interna de sus fotografías. El primero de ellos es la distancia que adopta ante el tema, algo decisivo para un fotógrafo de exteriores, *plenairista*, como él.

---

[5] Véase Henri David Thoreau, *Caminar*. Traducción de Federico Romero. Árdora Express, Madrid, 1998.

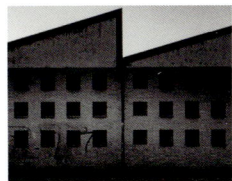

Logroño, 2022
Serie *Paisaje anónimo*

La distancia puede ser racional o emocional. Cánovas resume así la importancia que tiene en su trabajo: «En realidad, [para mí] la distancia sería la suma de distancias: entre el detalle y la vista general, entre lo indispensable y lo contingente, entre el instante y la eternidad, entre la aserción y la elucidación». El segundo asunto tiene que ver con la composición, responsable de mostrar la temperatura y la dimensión estética de su percepción a través del encuadre. Para un fotógrafo como él, tan exquisitamente minucioso en la construcción de sus imágenes, este no es un asunto menor. Todo lo que aparece está bajo su control. La elegancia de los encuadres, especialmente aquellos que juegan con las geometrías, es el resultado de la exhaustiva monitorización formal y conceptual de las tomas. De ahí se explica que haya demorado durante décadas su tránsito al color. Ha estado a la espera de que todos los elementos que operan en esa modalidad de trabajo pudieran estar sometidos a su autoridad, es decir, a su autoría.

Comienza a fotografiar en color en 2007, y lo hace en su campo de pruebas preferido, los alrededores de su casa, en Zizur Mayor y Cizur Menor, a las afueras de Pamplona. Un lugar que, si no fuese el suyo, podría ser un *no-lugar* de las afueras de cualquier ciudad europea. Allí nació la serie *Séptimo cielo*, donde se permite introducir el color como una capa semántica añadida. Una capa que apela a otro tipo de percepciones, las vinculadas a lo sensorial: la climatología, las variaciones de la luz en distintas horas del día o los momentos en que la luz artificial adquiere un protagonismo crepuscular, mientras que la estructura interior de la imagen le permite jugar con los rectángulos de color, que otorgan una inesperada relevancia a la composición geométrica de sus fotografías. Algunas en particular parecen rendir un homenaje en voz baja a Piet Mondrian, mientras que otras podrían recordar a Richard Misrach, Joel Sternfeld y a otros integrantes de una tendencia norteamericana que Sally Eauclaire denominó The New Color Photography y que tuvo su momento triunfal en los años 70 y 80; pero ninguna de estas simultaneidades estéticas le va a molestar a Carlos Cánovas porque sabe y asume, como dice Steiner, que «ninguna forma artística nace de la nada: siempre viene después».

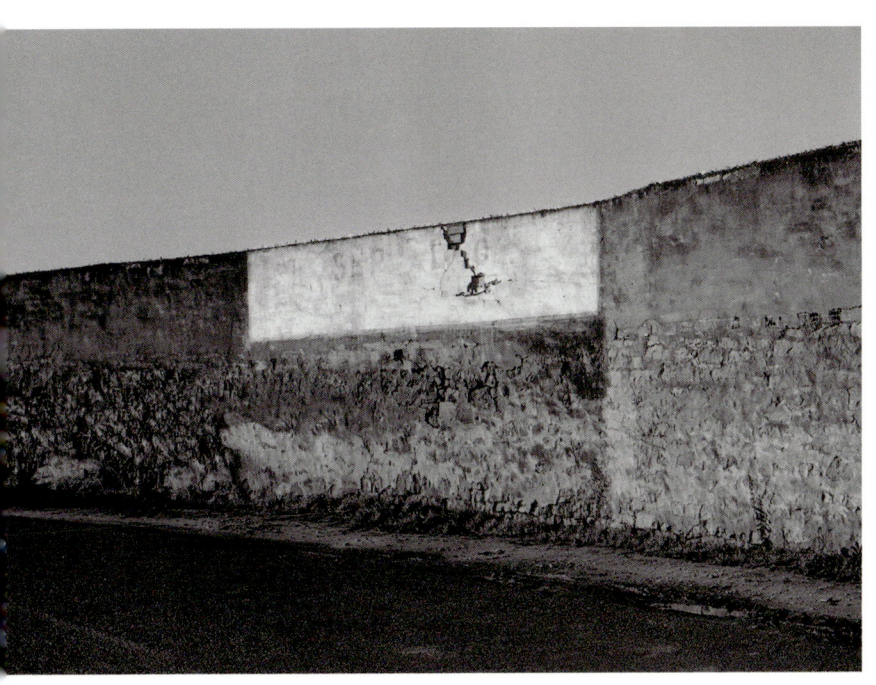

01. Pamplona, 1984. Serie *Tapias*

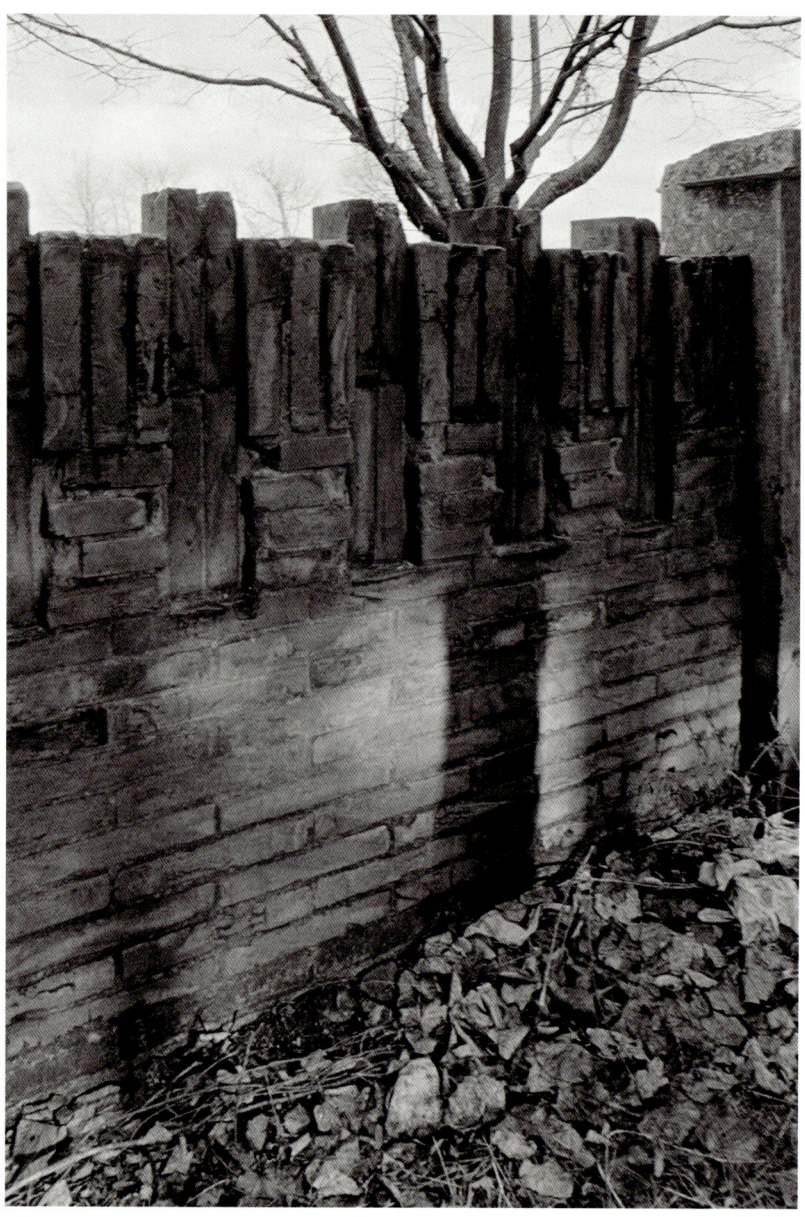

02. Pamplona, 1980. Serie *Tapias*

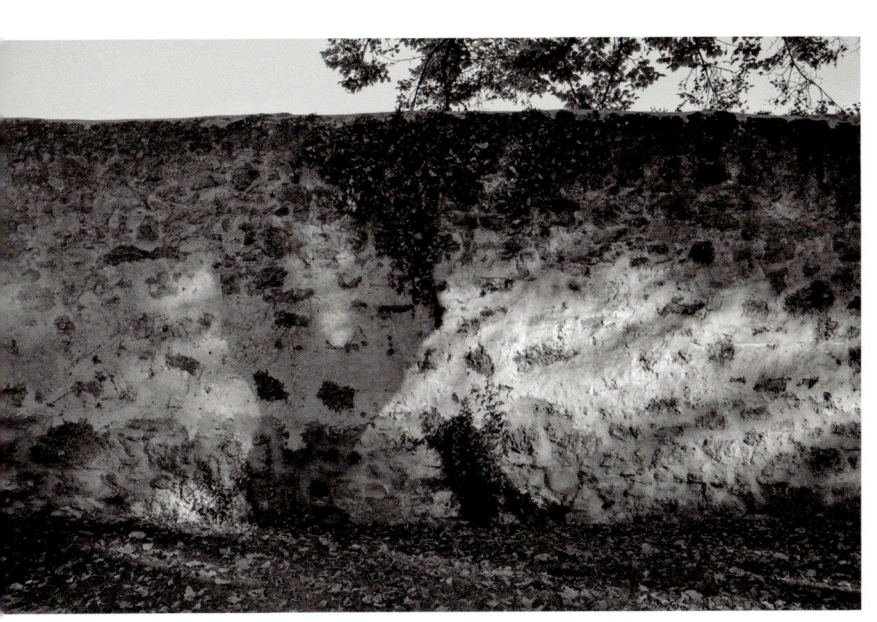

03. Estella, 2017. Serie *Tapias*

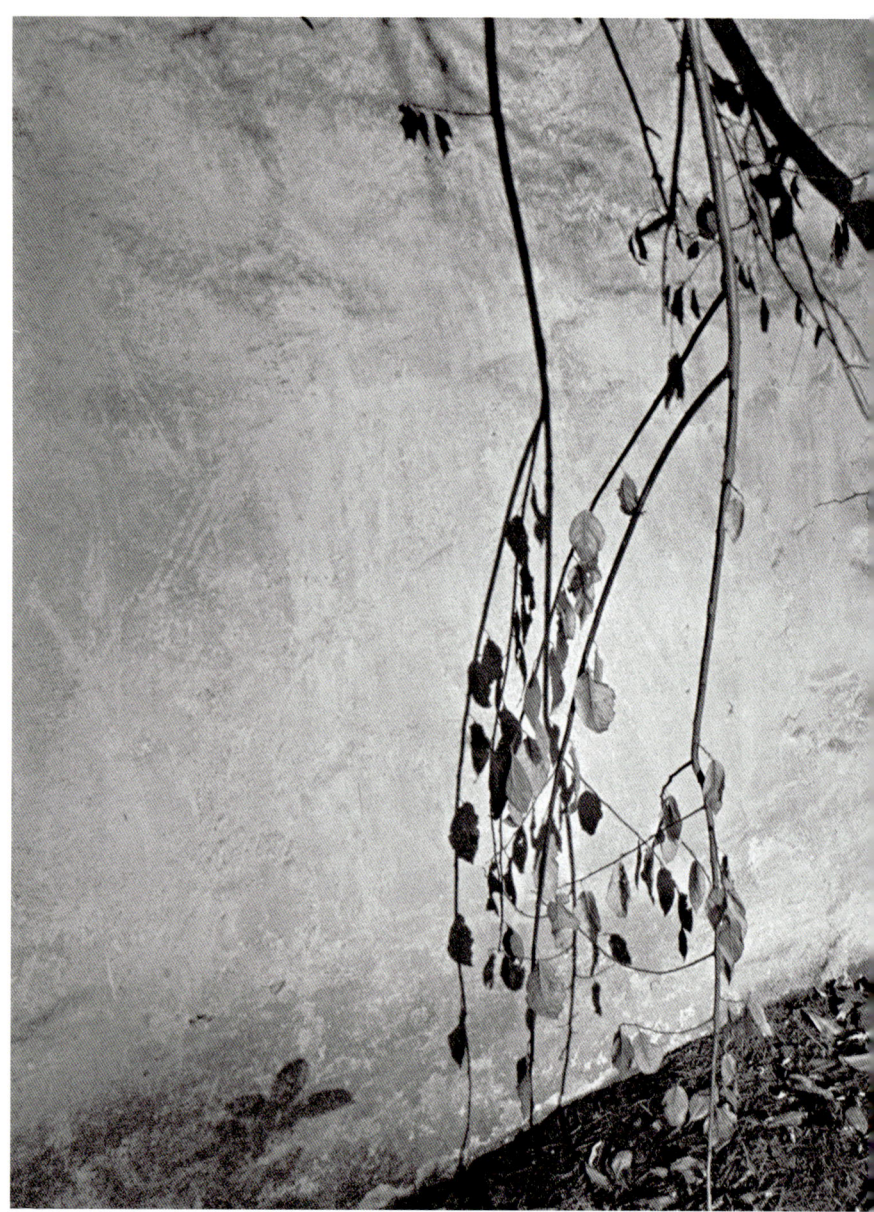

04. Pamplona, 1980. Serie *Tapias*

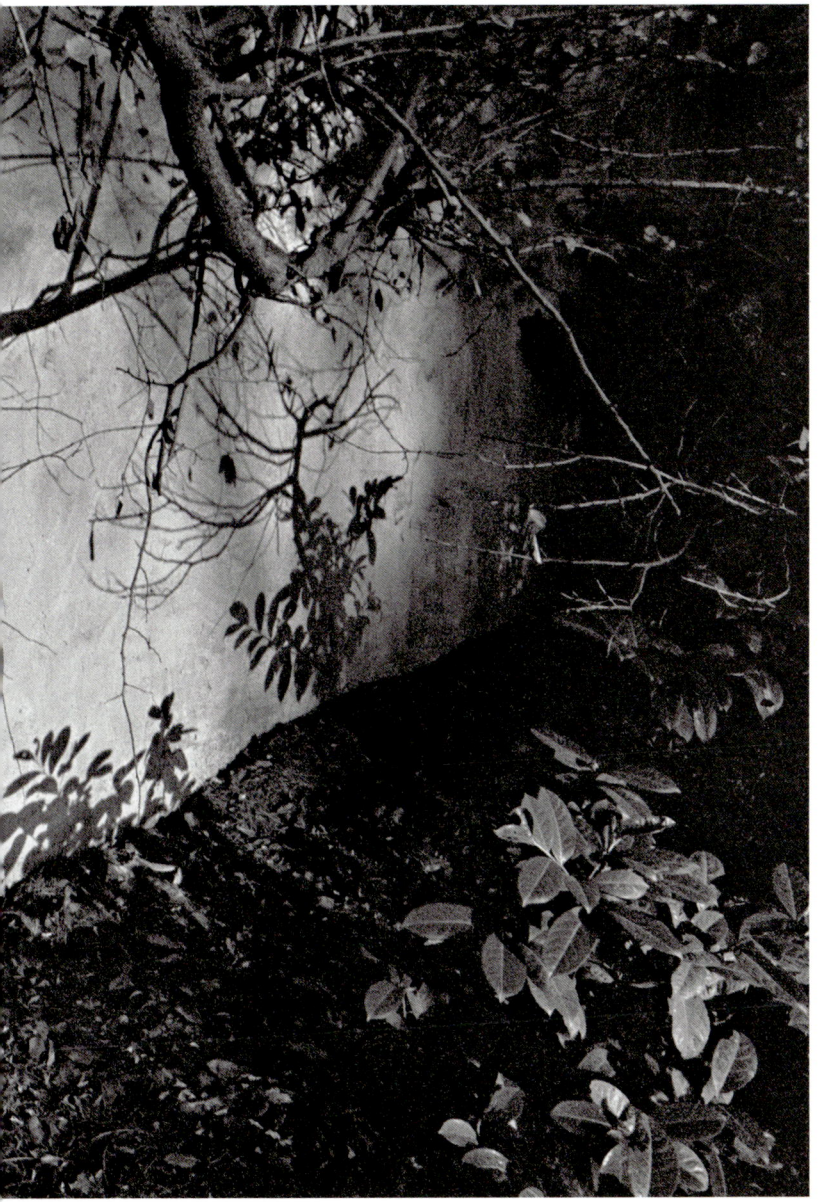

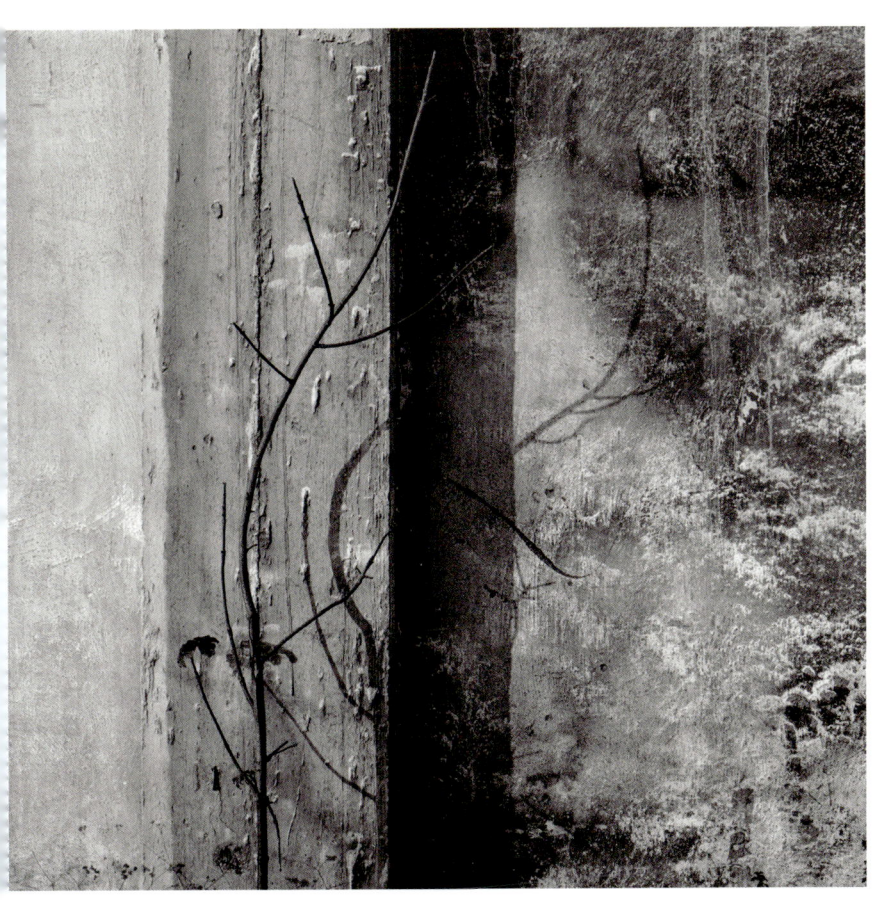

05. Pamplona, 1984. Serie *Para una pared* (Museo de Navarra)

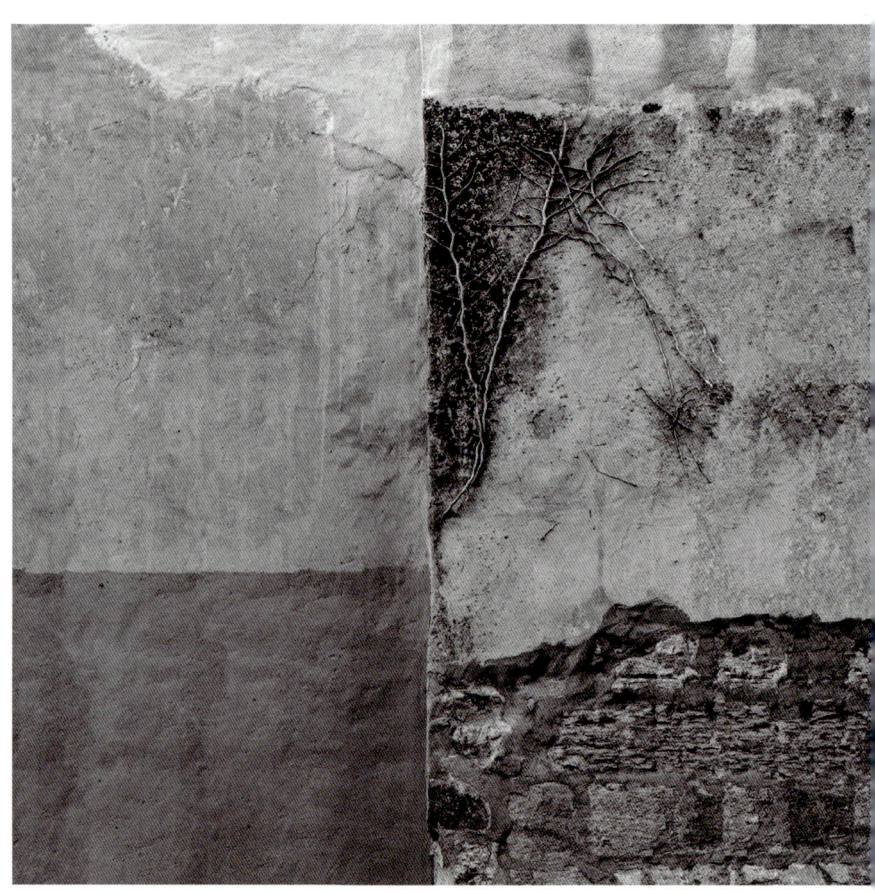

06. Cizur Menor, 2012. Serie *Para una pared*

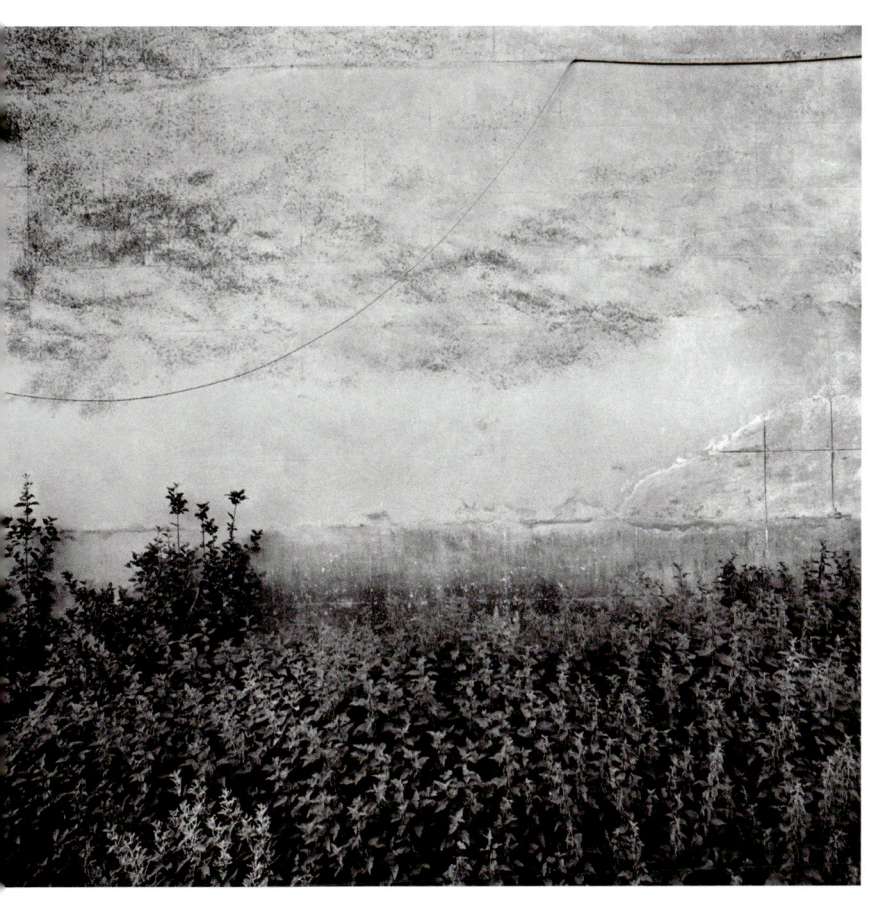

07. Pamplona, 1981. Serie *Para una pared*

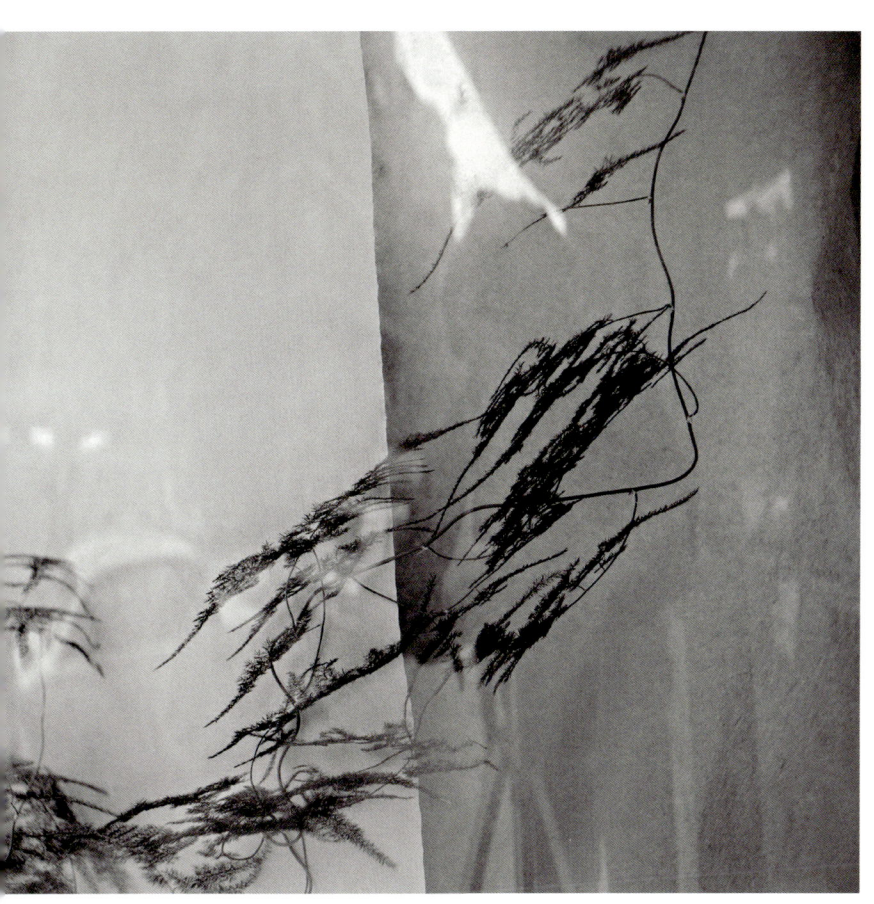

08. Gijón, 1982. Serie *Plantas dolientes*

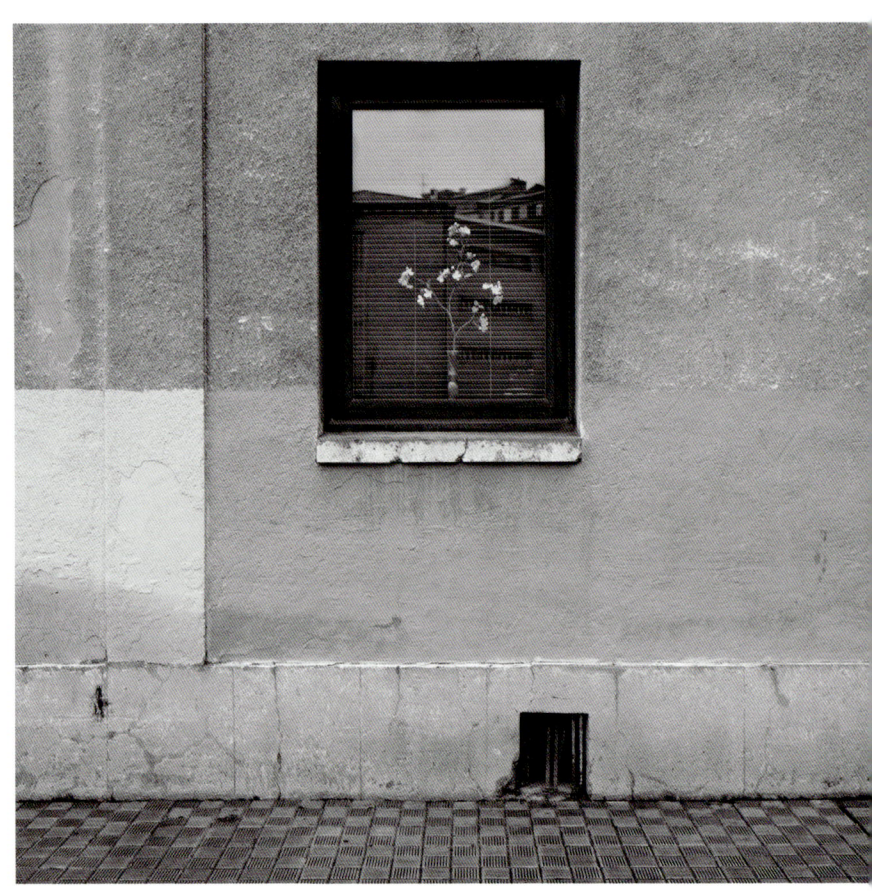

09. Pamplona, 2019. Serie *Plantas dolientes*

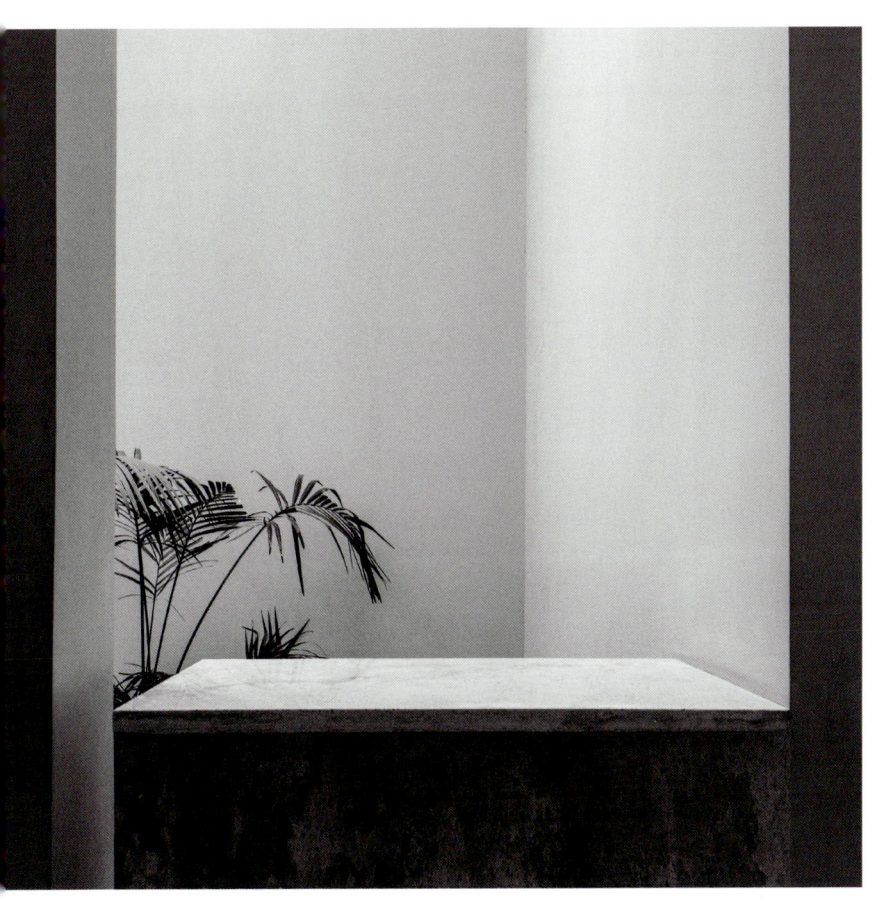

10. Madrid, 2012. Serie *Plantas dolientes*

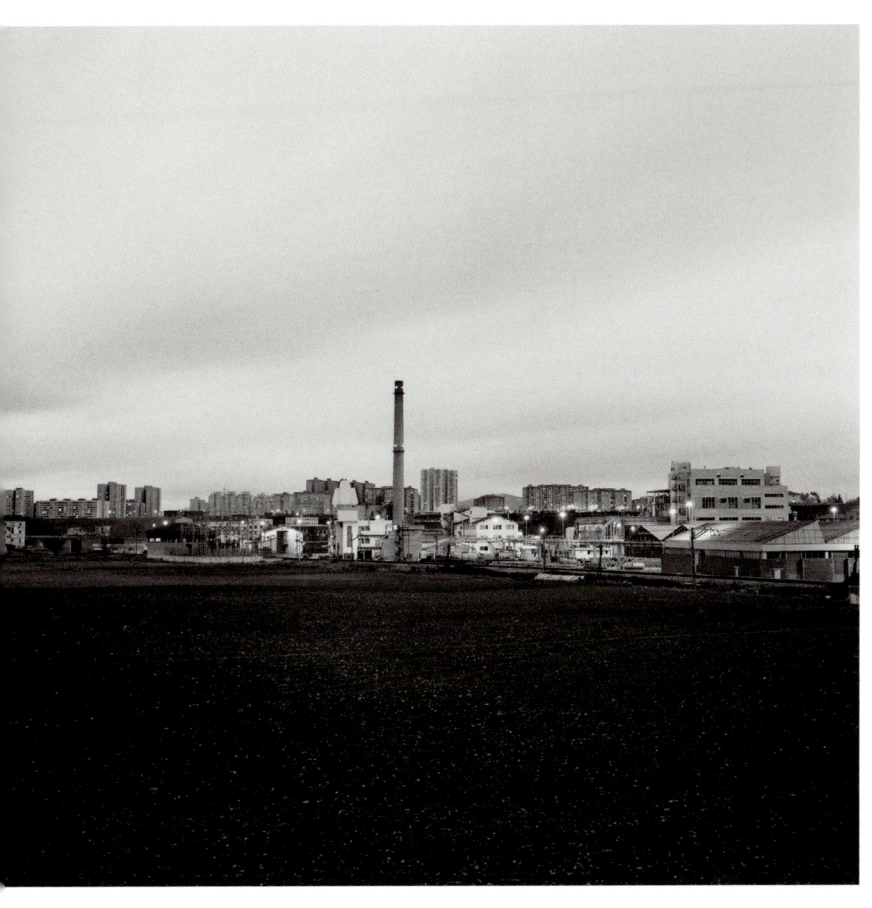

11. Pamplona, 1982. Serie *Extramuros*

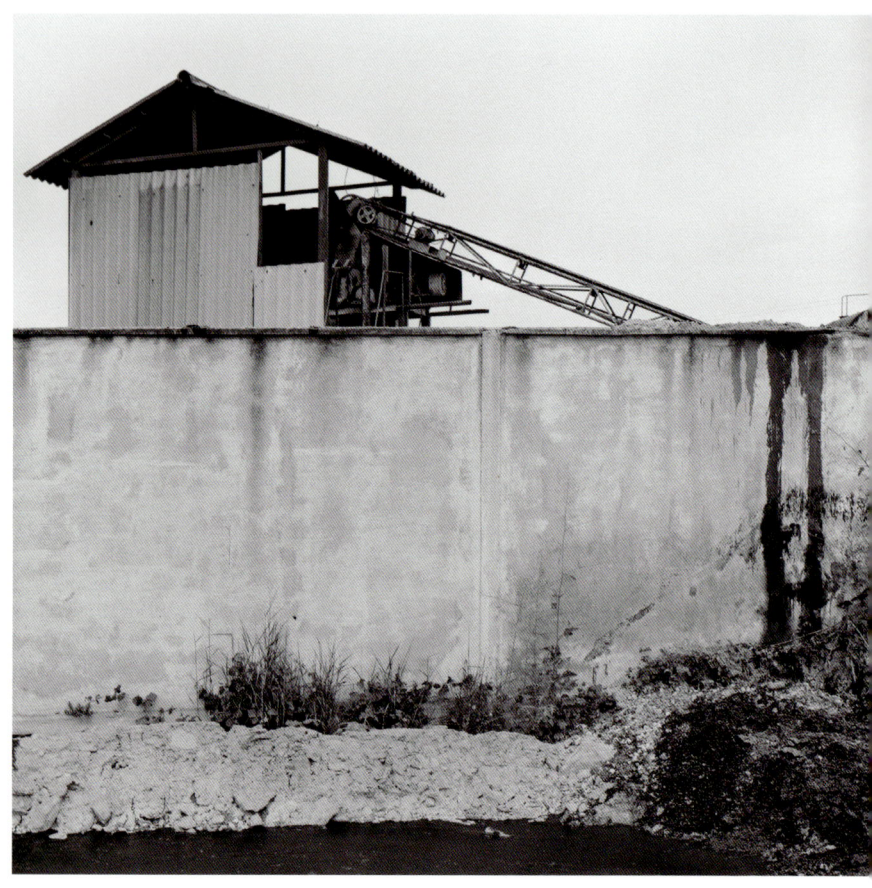

12. Pamplona, 1983. Serie *Extramuros*

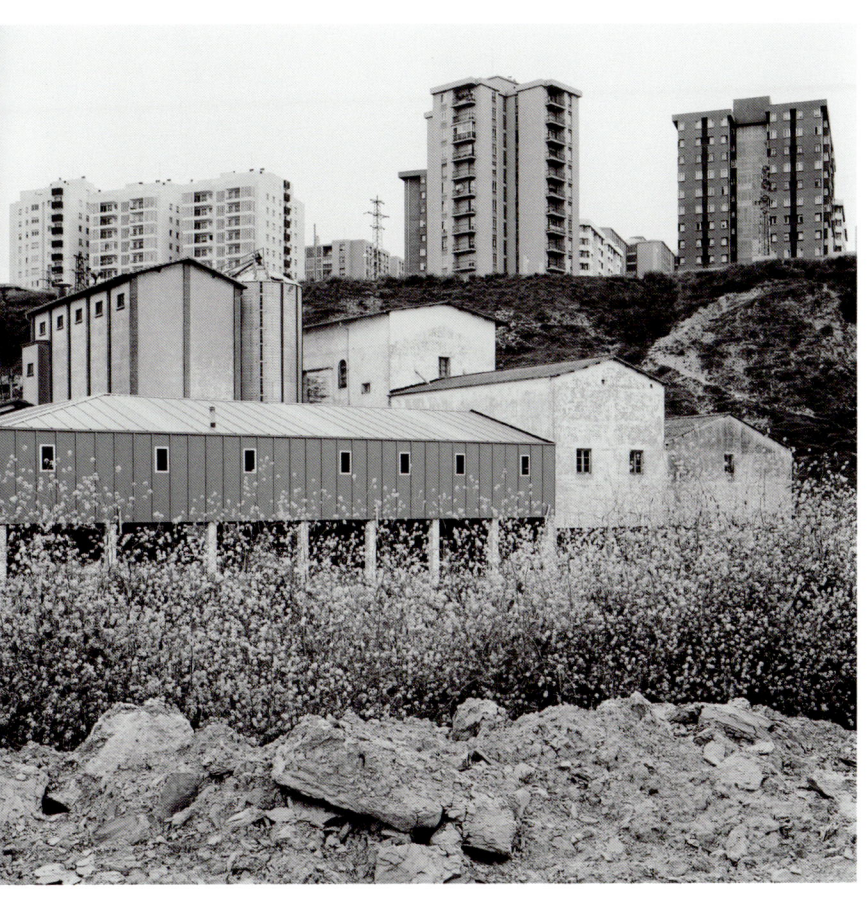

13. Pamplona, 1983. Serie *Extramuros* (Museo de Navarra)

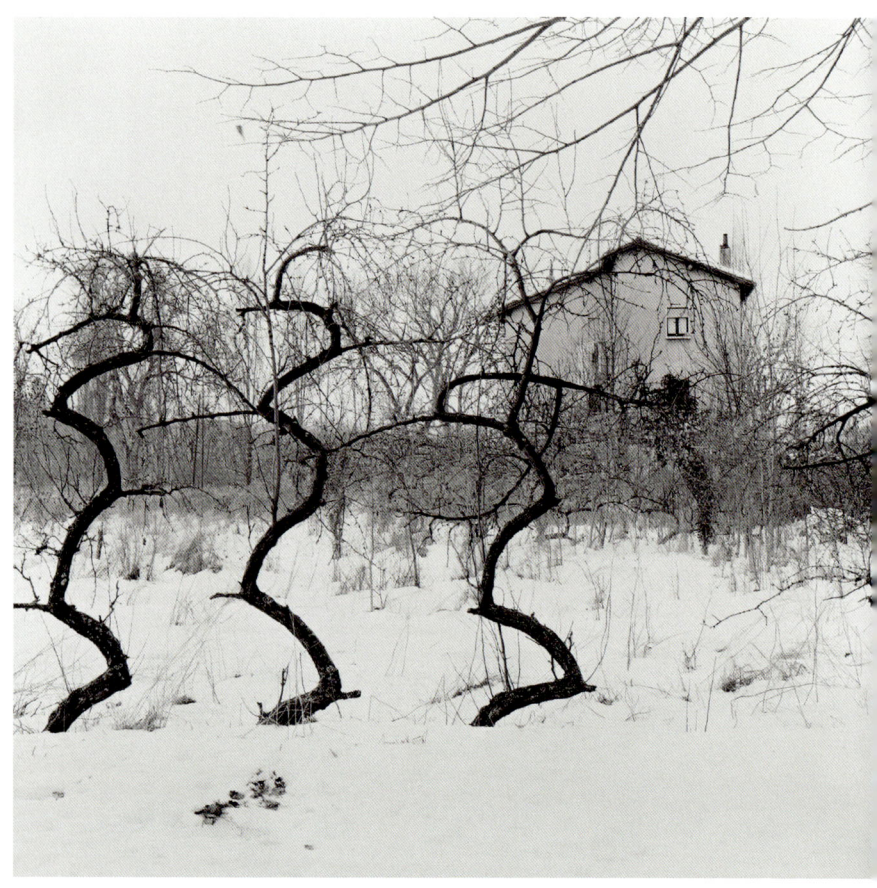

14. Pamplona, 1985. Serie *Extramuros*

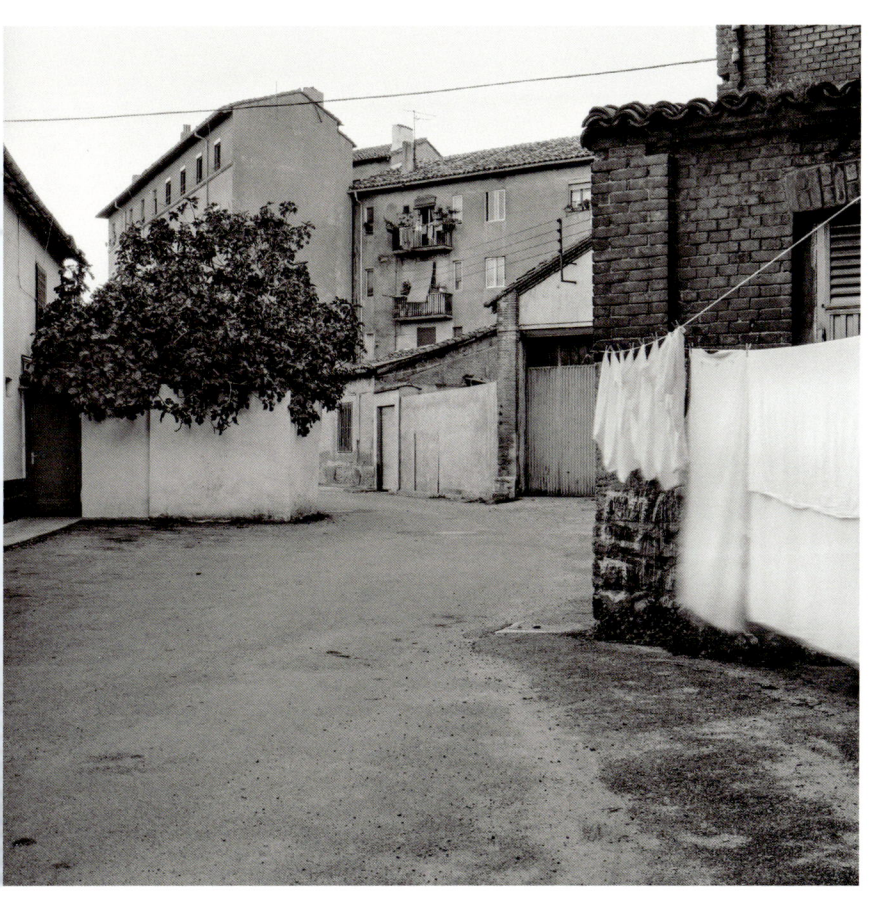

15. Pamplona, 1984. Serie *Extramuros*

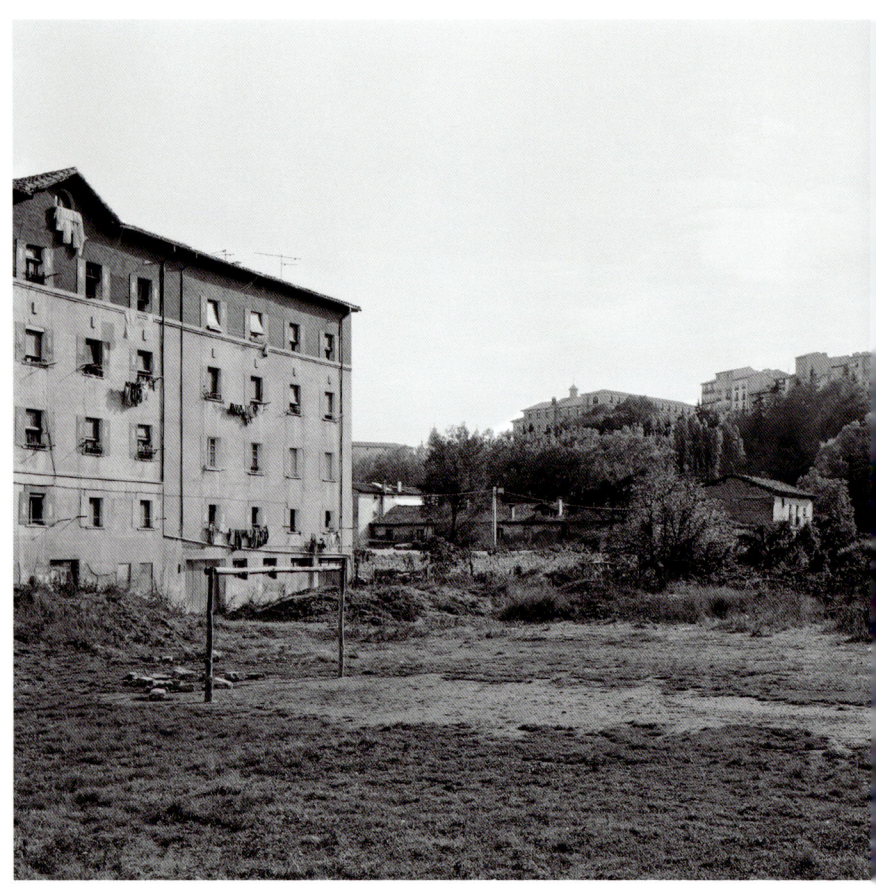

16. Pamplona, 1984. Serie *Extramuros*

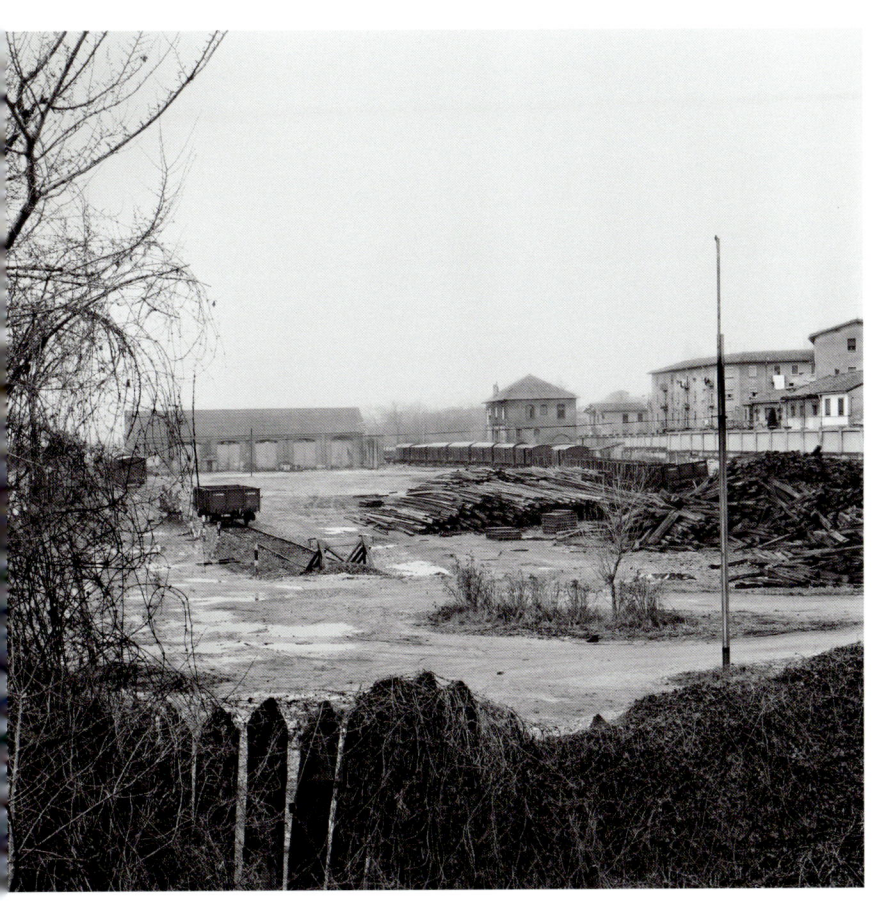

17. Pamplona, 1984. Serie *Extramuros*

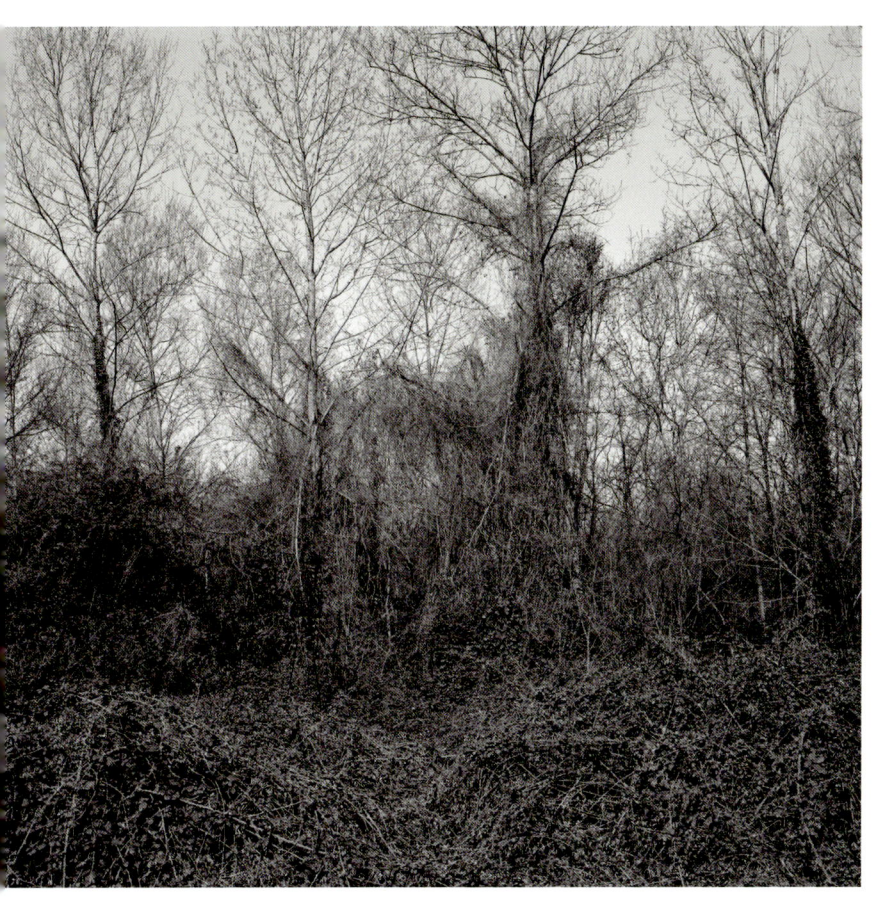

18. Pamplona, 1986. Serie *Paisajes recónditos*

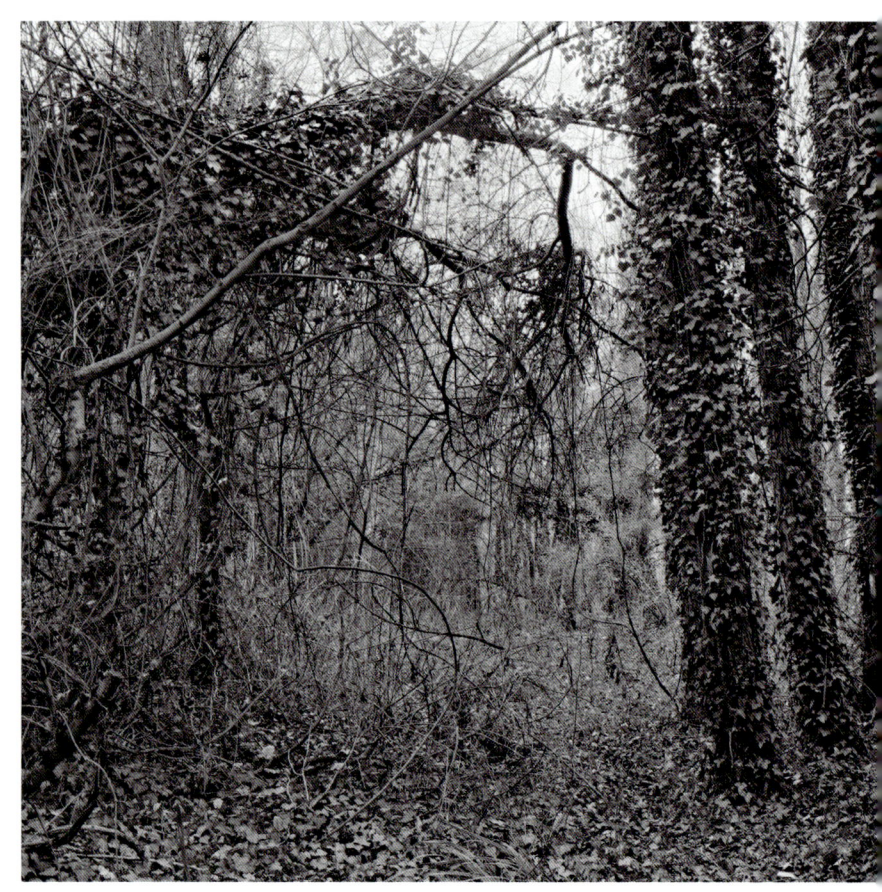

19. Pamplona, 1986. Serie *Paisajes recónditos*

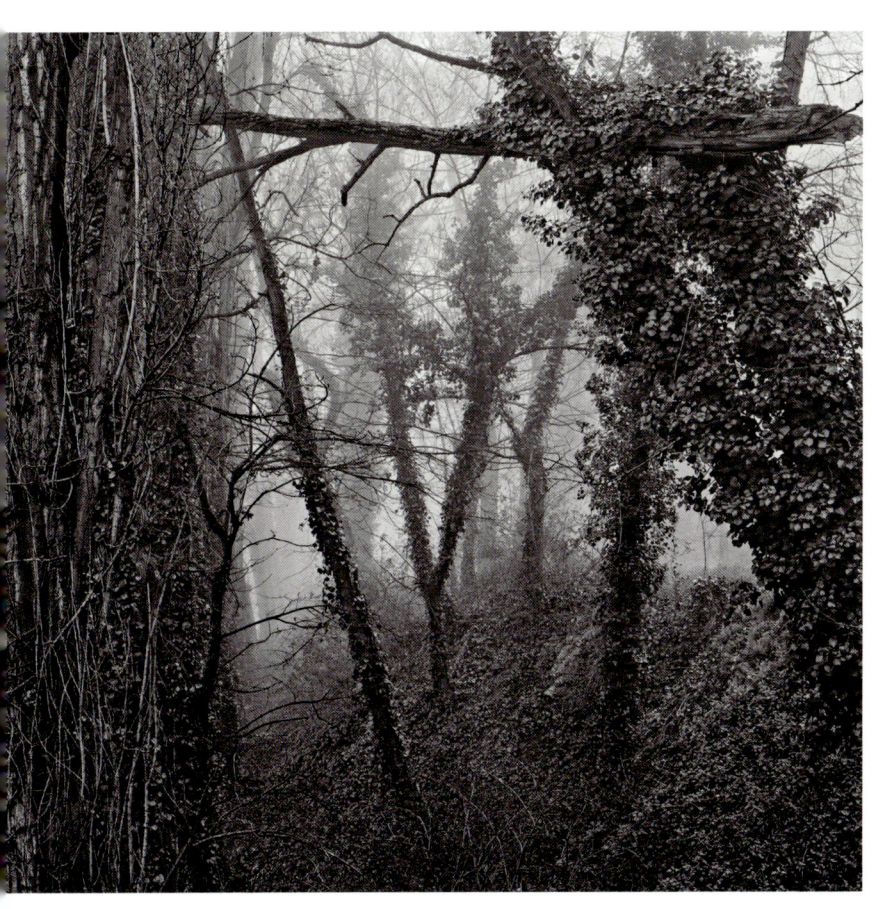

20. Pamplona, 1987. Serie *Paisajes recónditos*

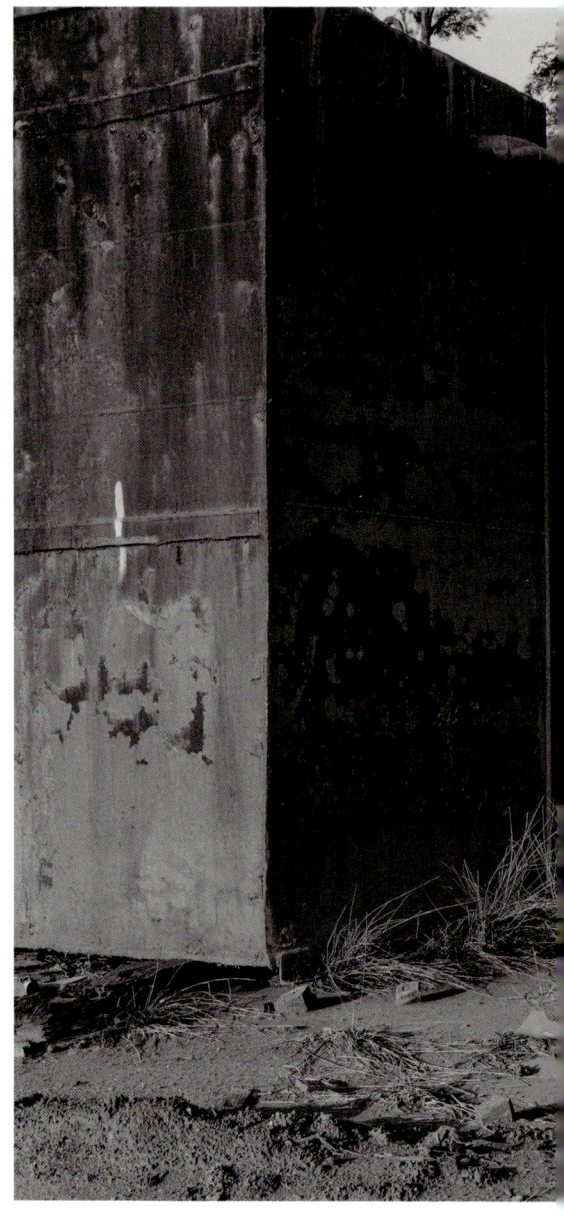

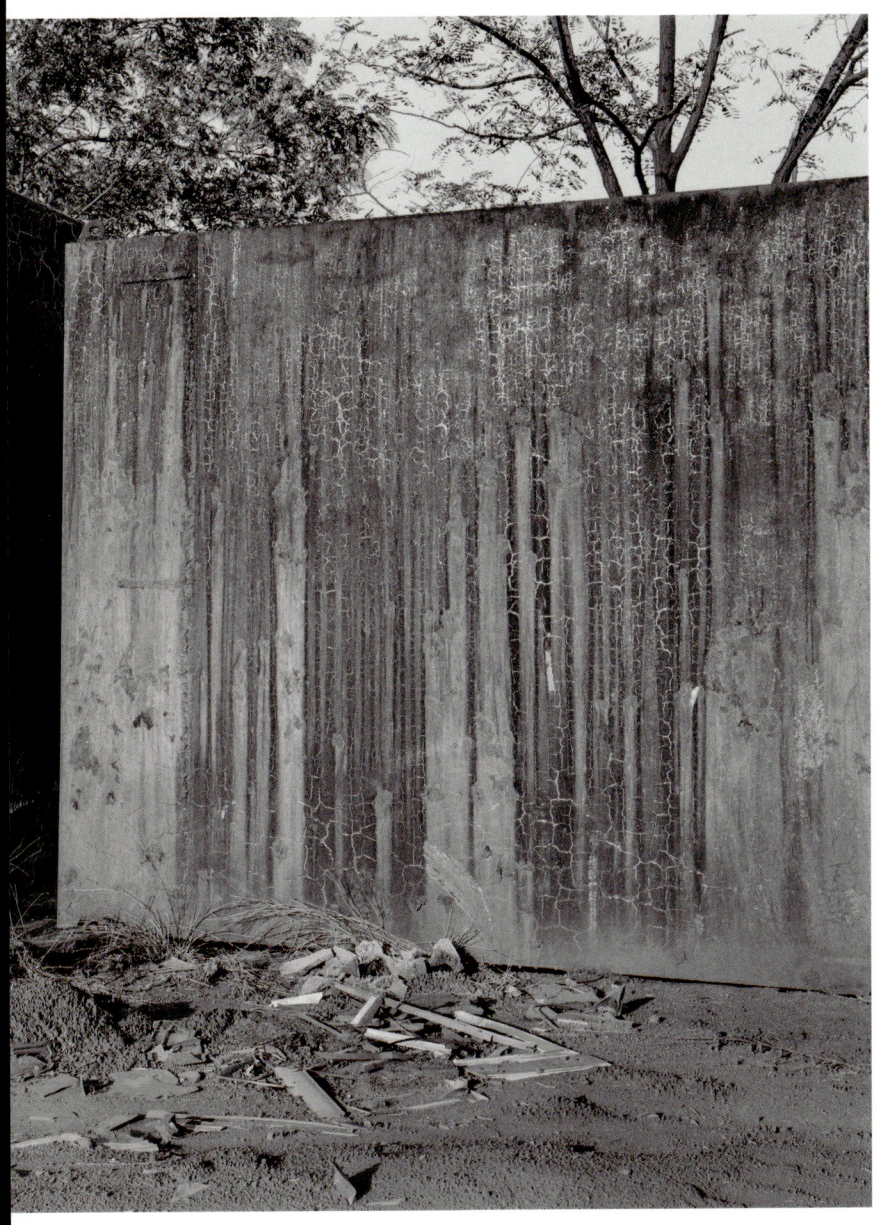

21. Bilbao, 1993. Serie *Paisaje sin retorno*

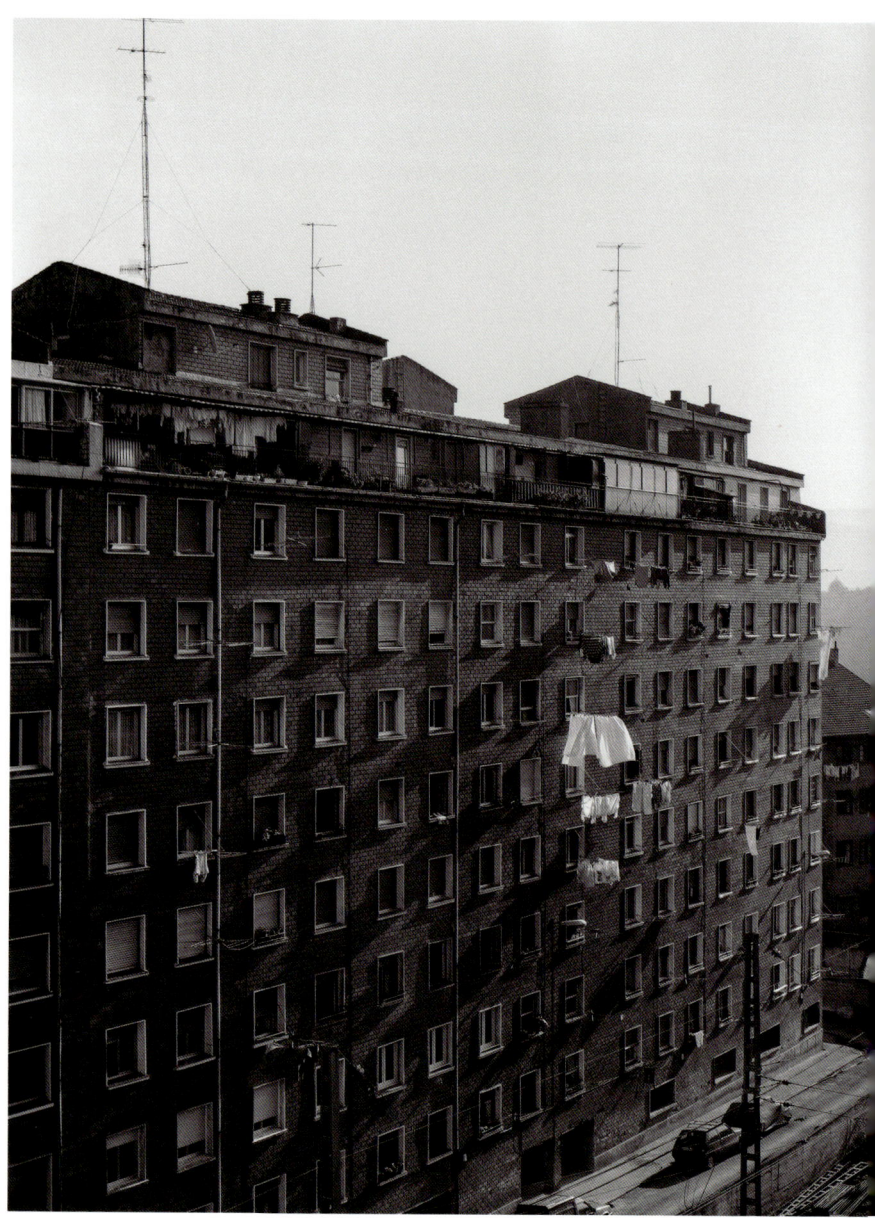

22. Olabeaga, Bilbao, 1994. Serie *Paisaje sin retorno*

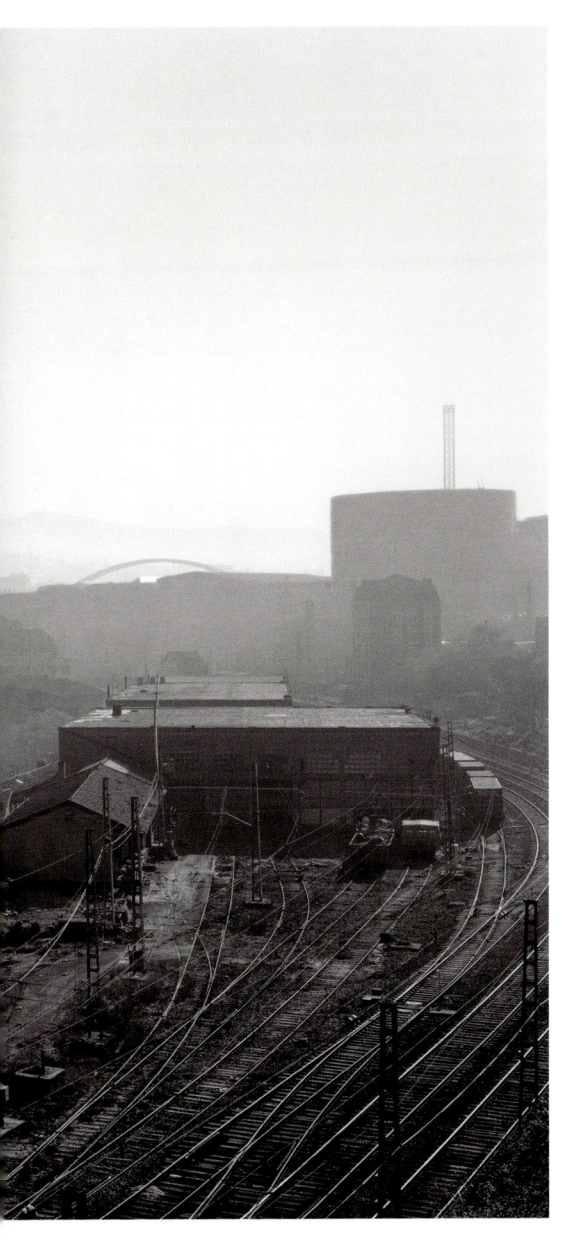

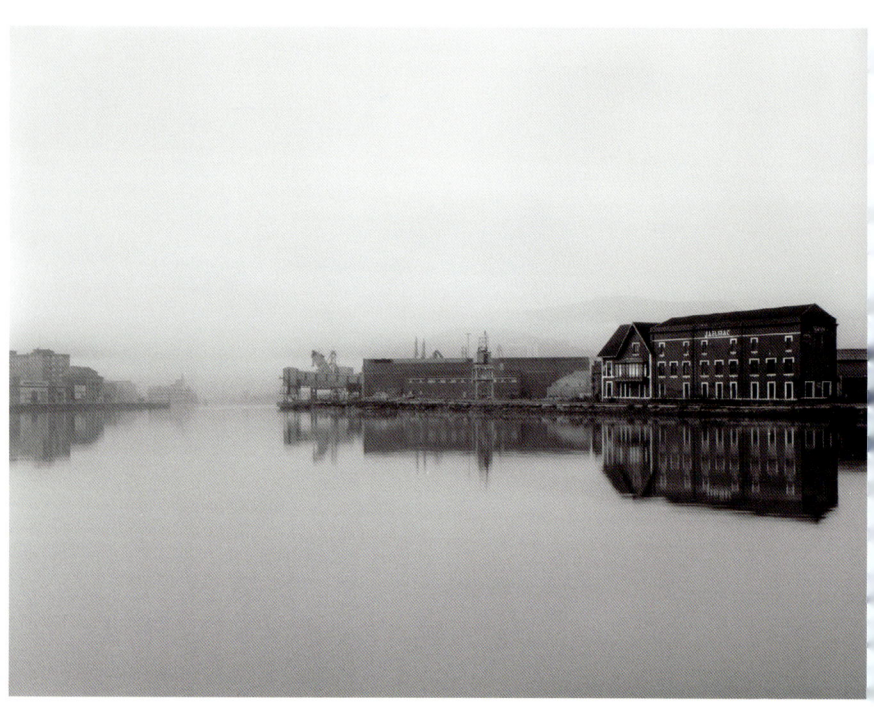

23. Bilbao, 1993. Serie *Paisaje sin retorno*

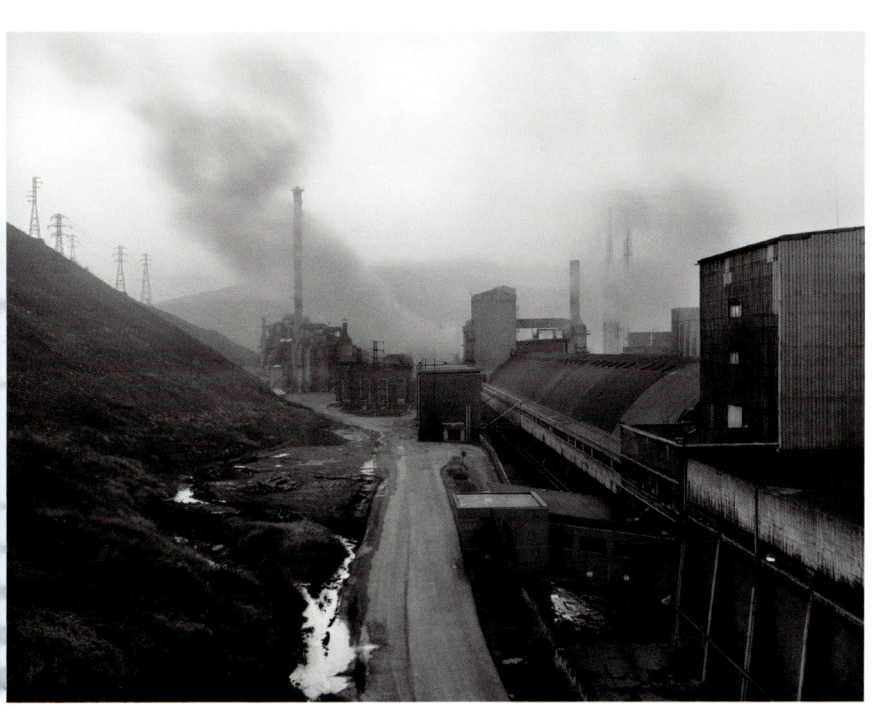

24. Bilbao, 1993. Serie *Paisaje sin retorno*

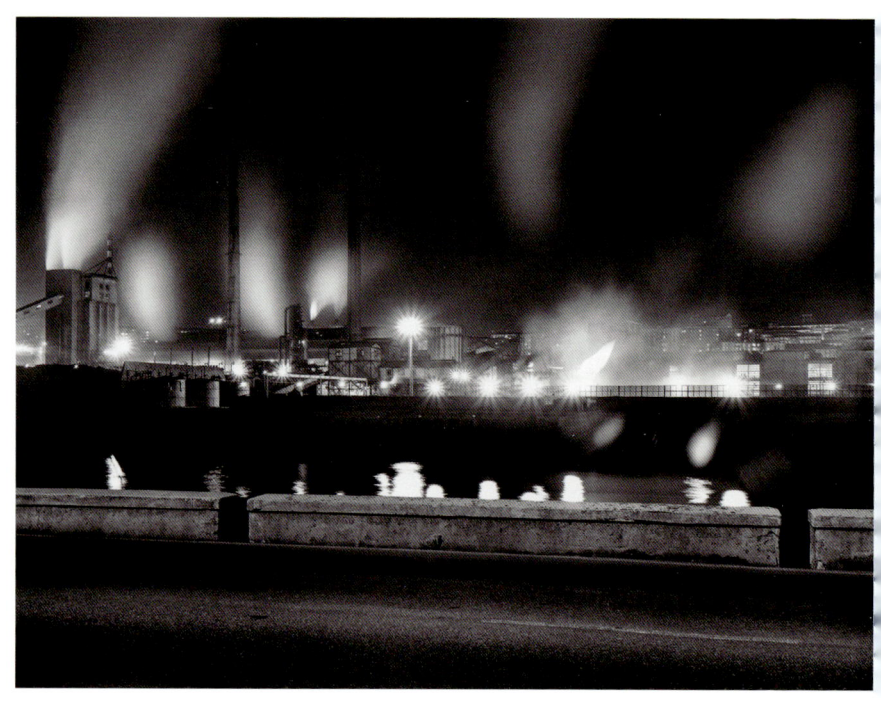

25. Bilbao, 1993. Serie *Paisaje sin retorno*

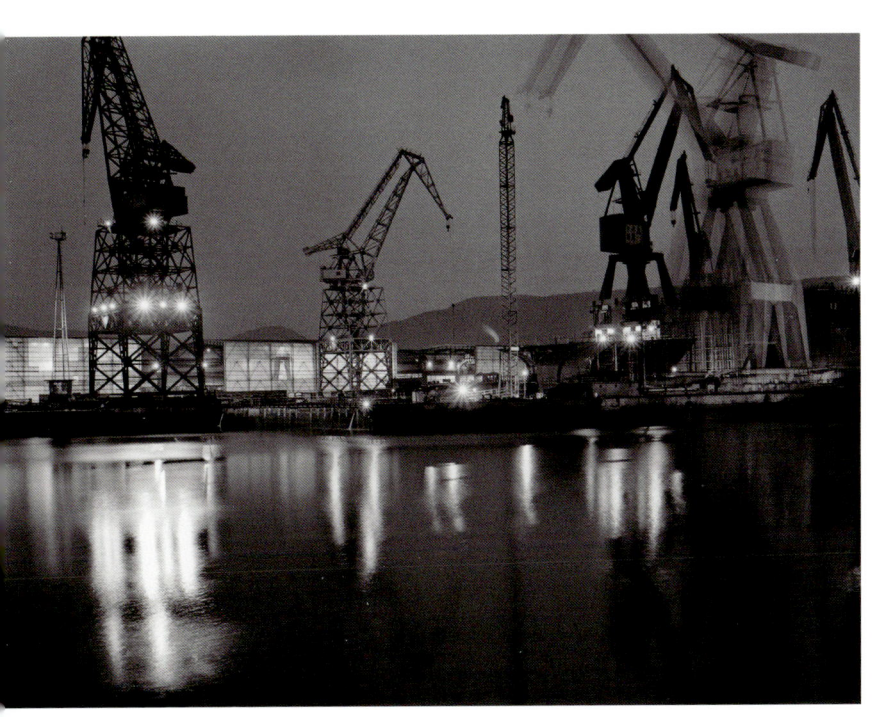

26. Bilbao, 1993. Serie *Paisaje sin retorno*

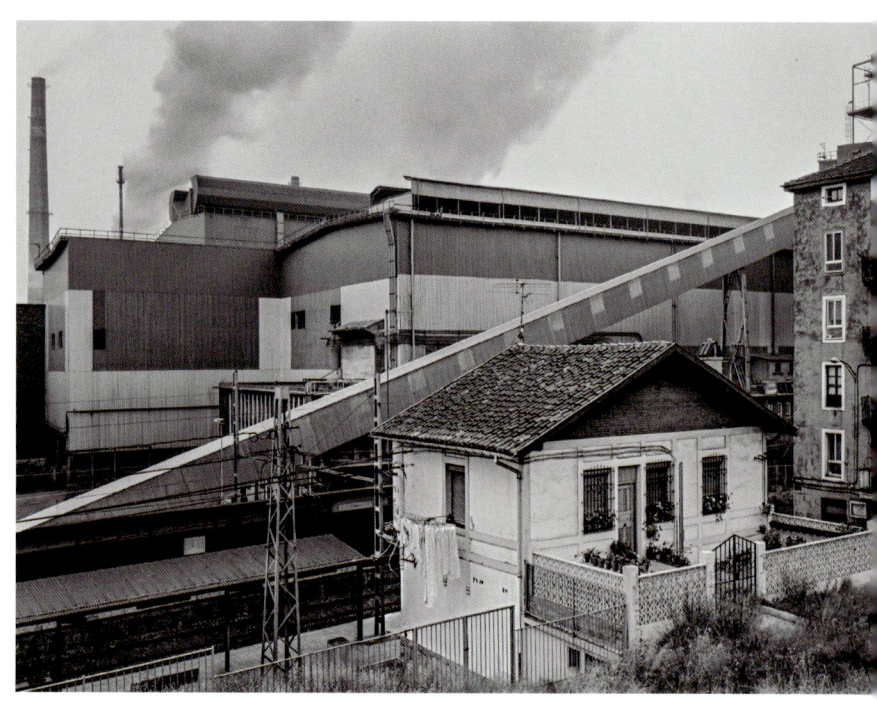

27. Sestao, 1994. Serie *Paisaje sin retorno*

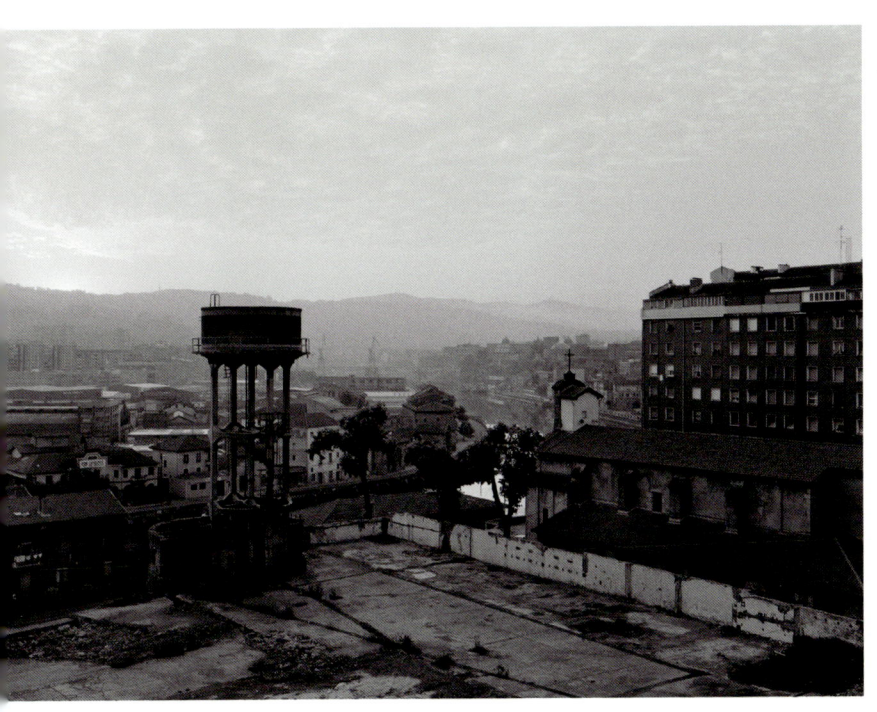

28. Bilbao, 1993. Serie *Paisaje sin retorno*

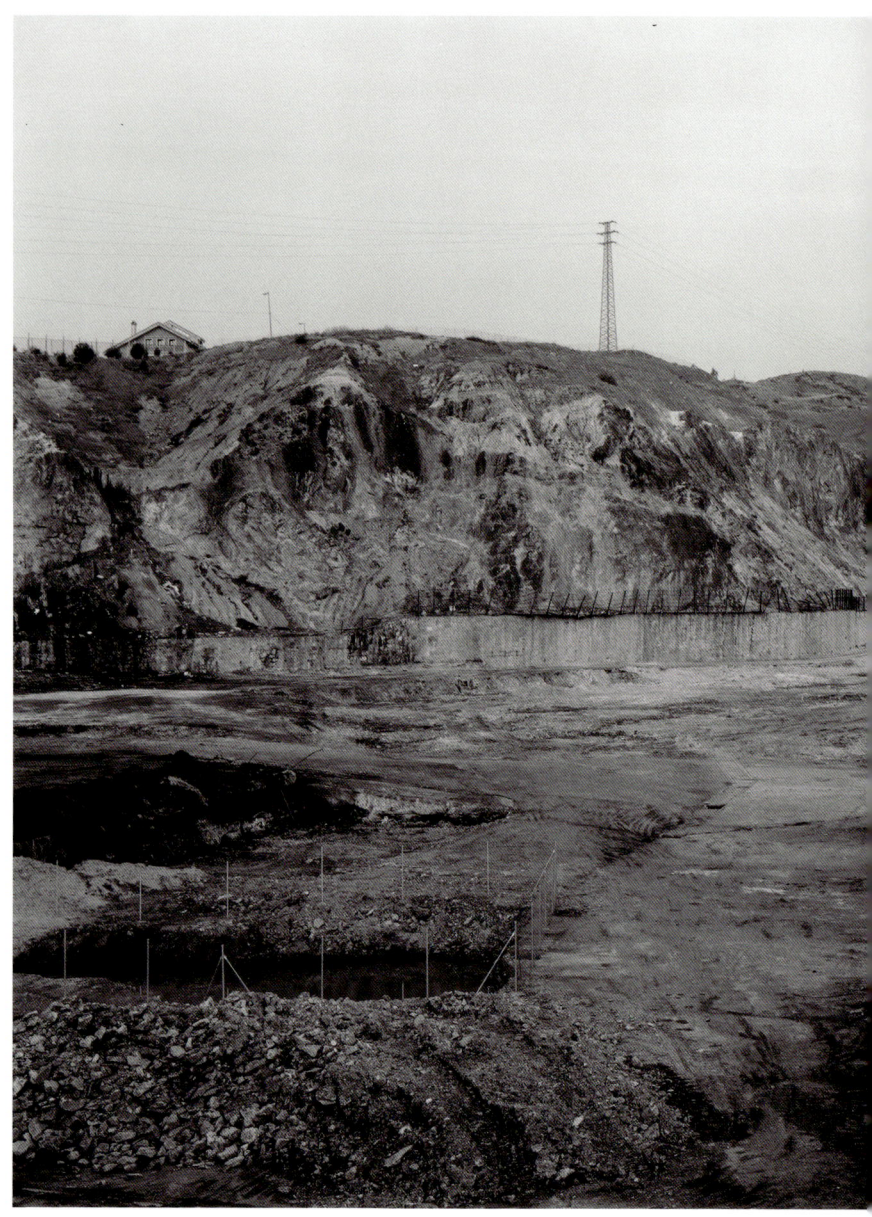

29. Bilbao, 1994. Serie *Paisaje sin retorno*

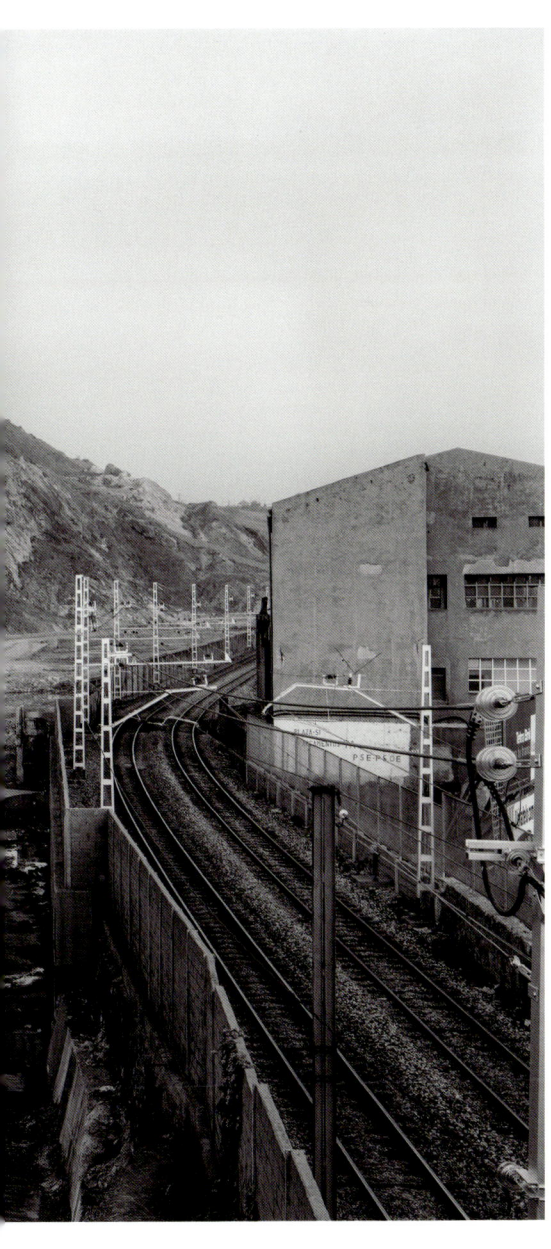

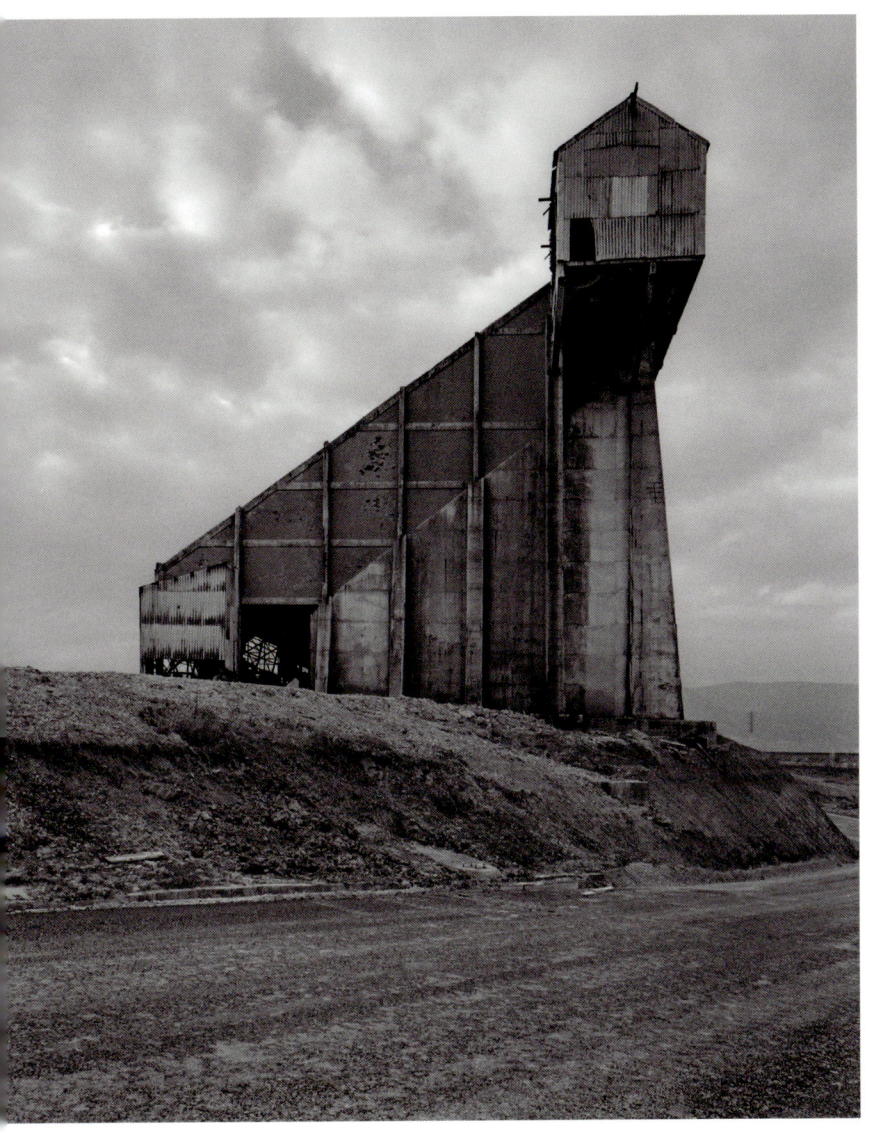

30. Beriain, 2003. Serie *Paisaje anónimo*

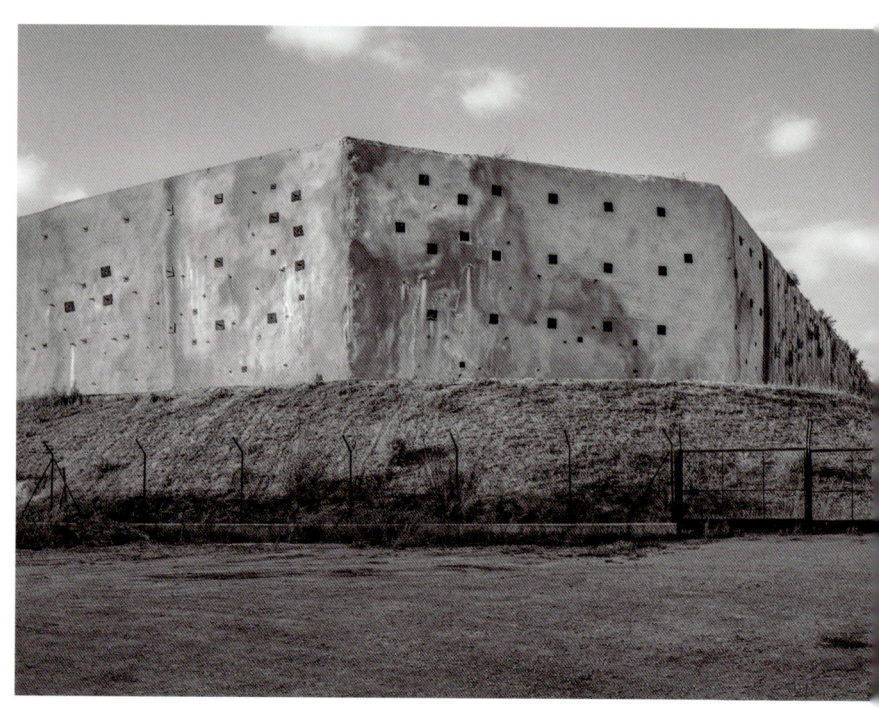

31. Noain-Esquíroz, 2014. Serie *Paisaje anónimo*

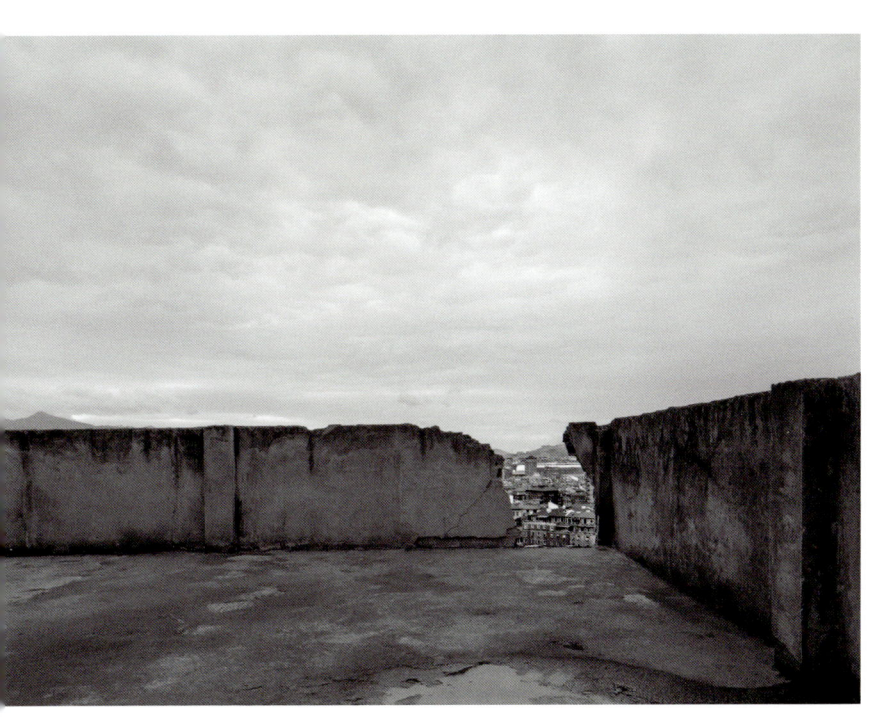

32. Bilbao, 2000. Serie *Paisaje anónimo*

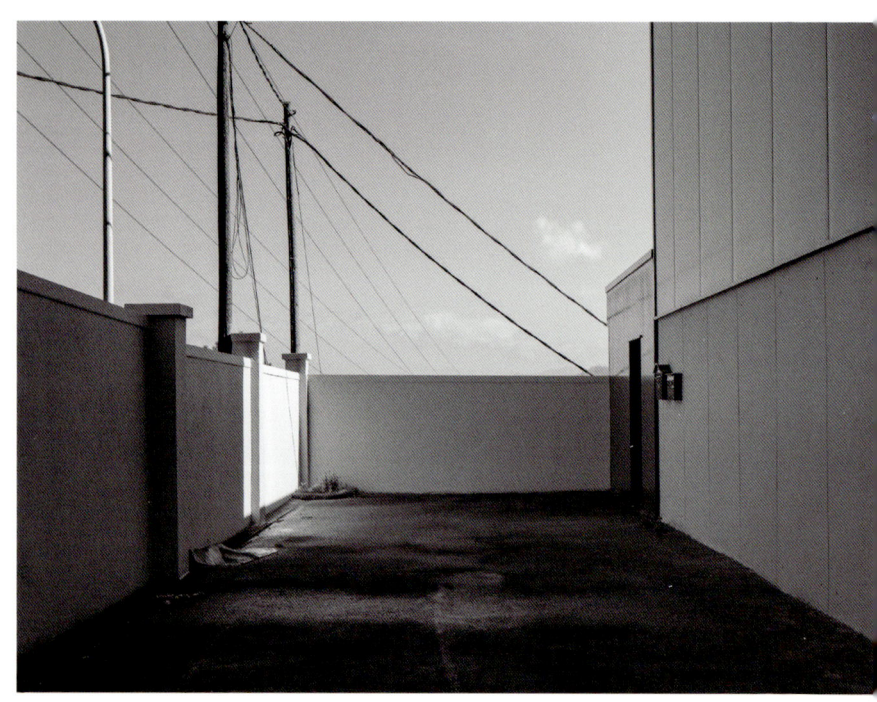

33. Basauri, 2019. Serie *Paisaje anónimo*

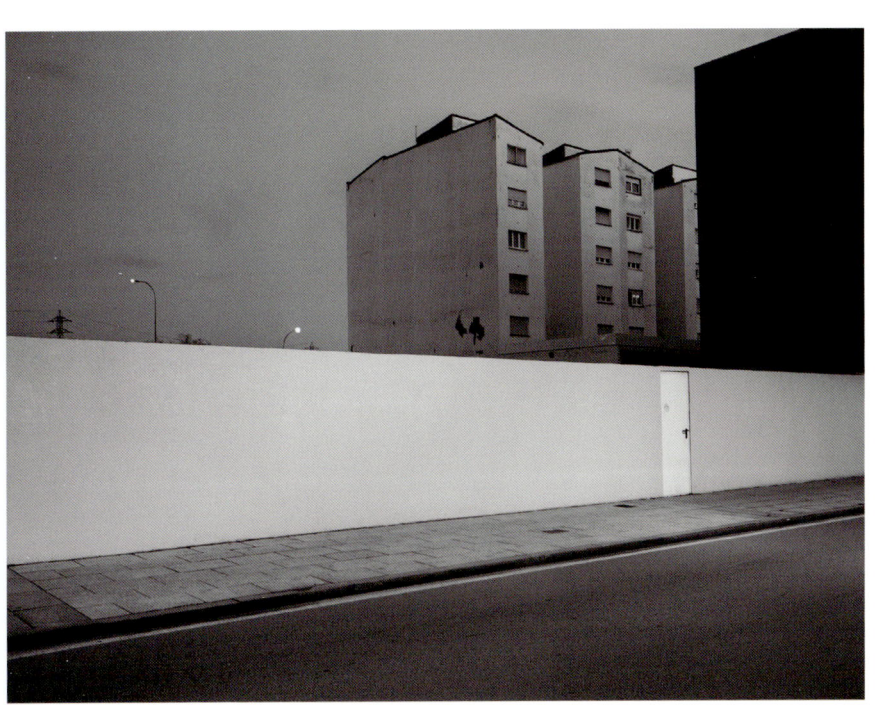

34. Avilés, 2022. Serie *Paisaje anónimo*

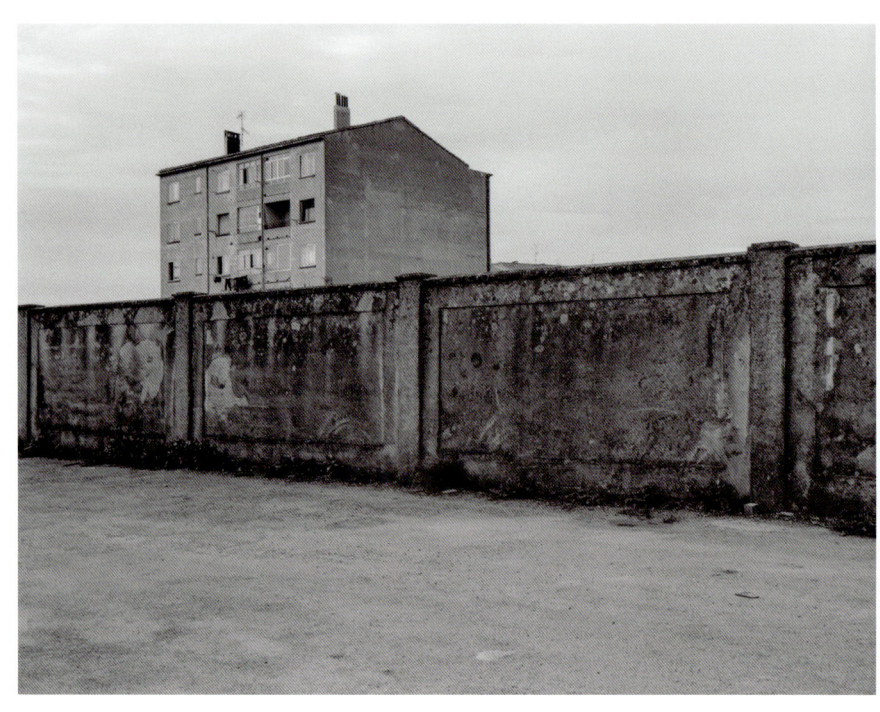

35. Pamplona, 1996. Serie *Paisaje anónimo*

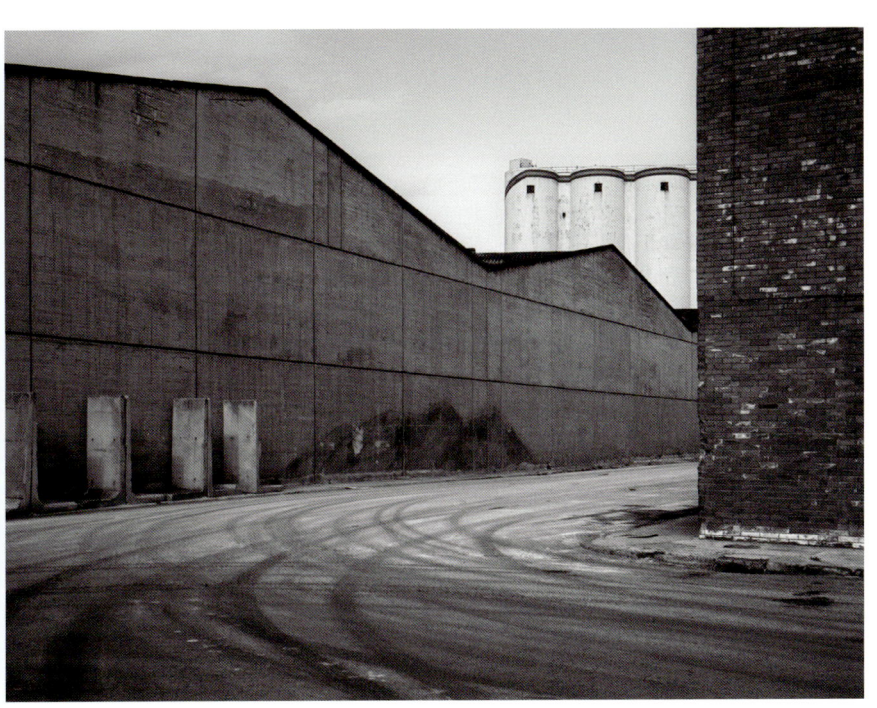

36. Santander, 1999. Serie *Paisaje anónimo*

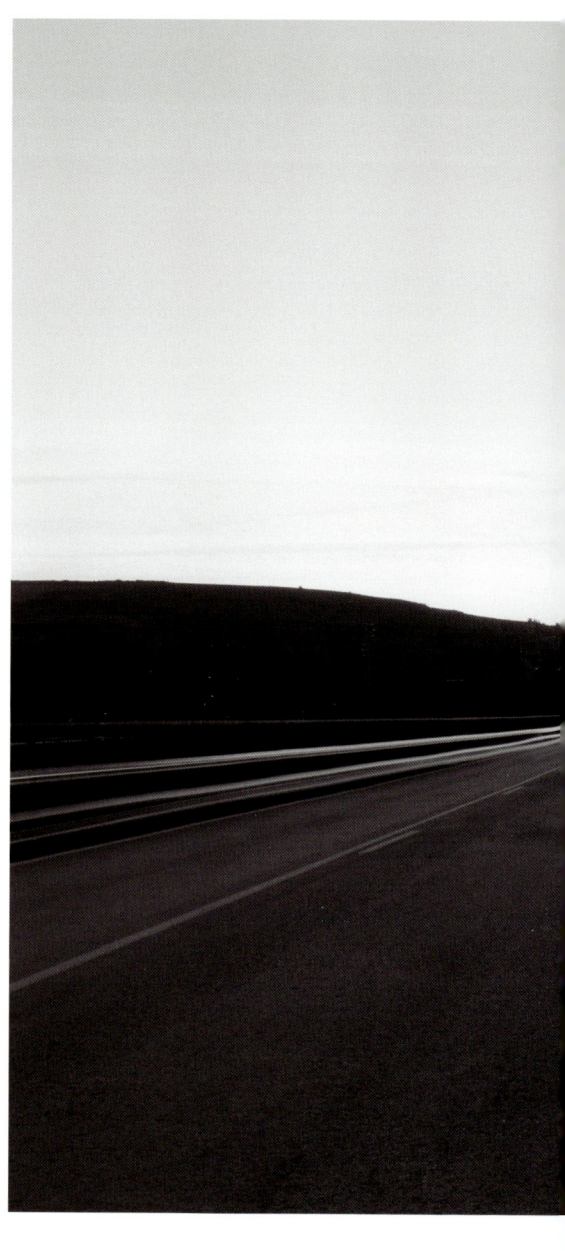

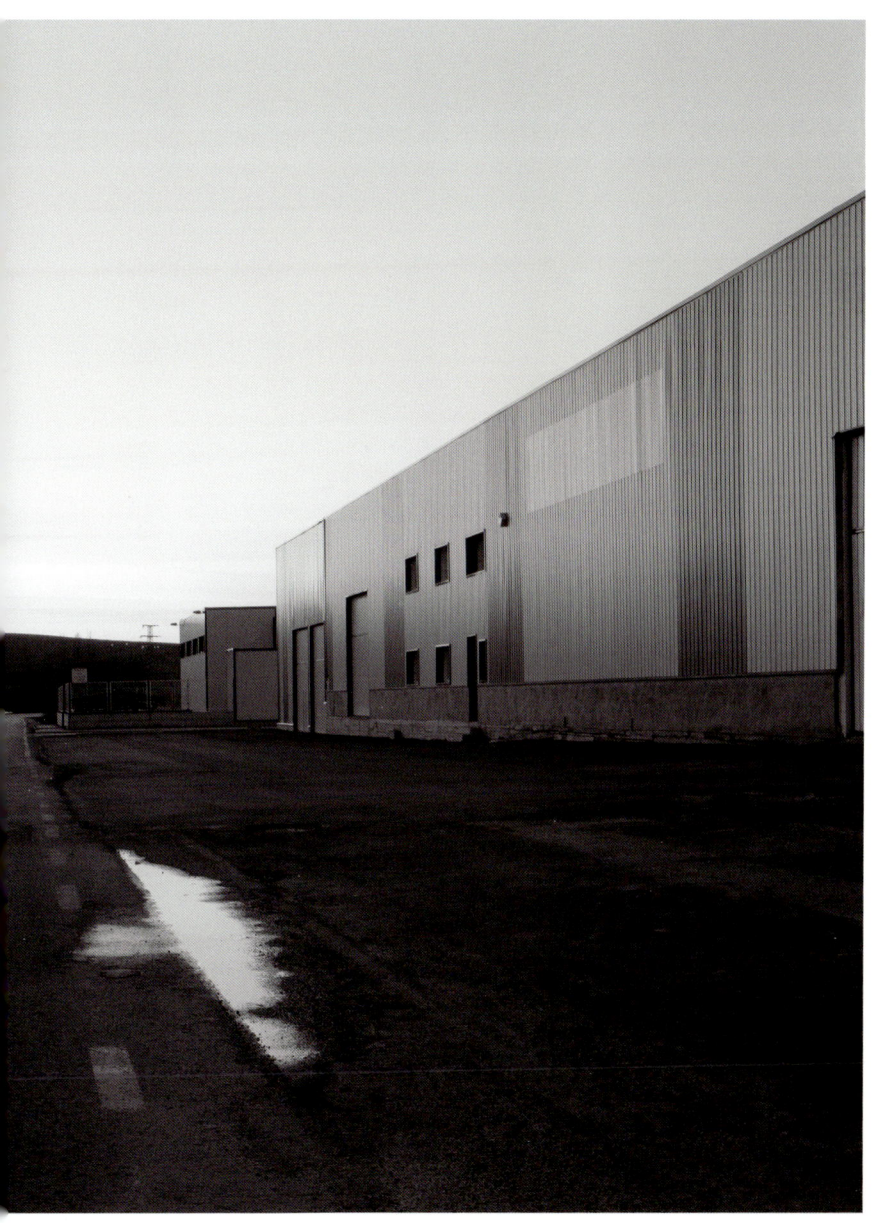

37. Esquiroz, 1993. Serie *Paisaje anónimo*

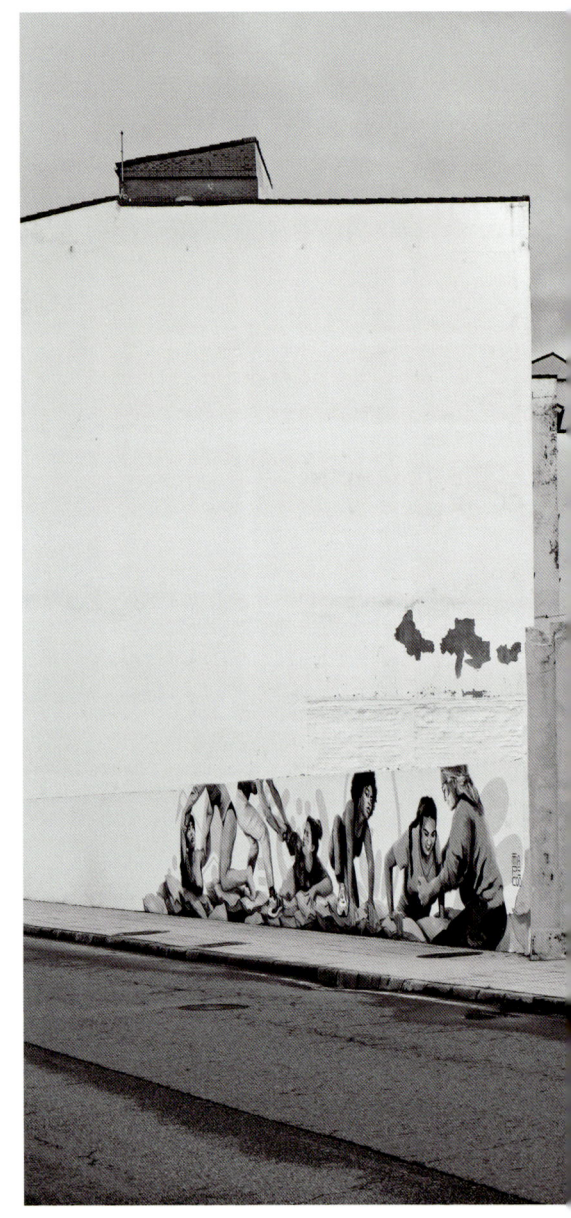

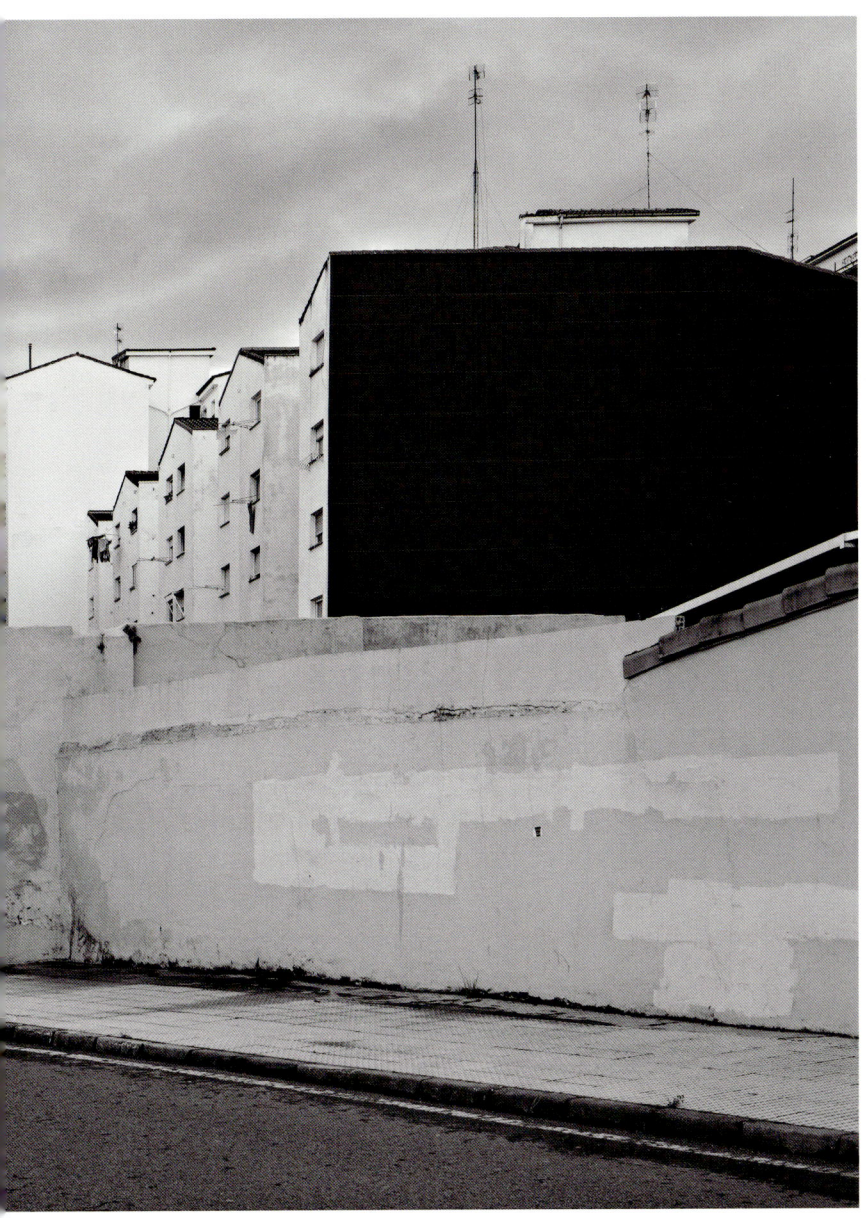

38. Avilés, 2023. Serie *Paisaje anónimo*

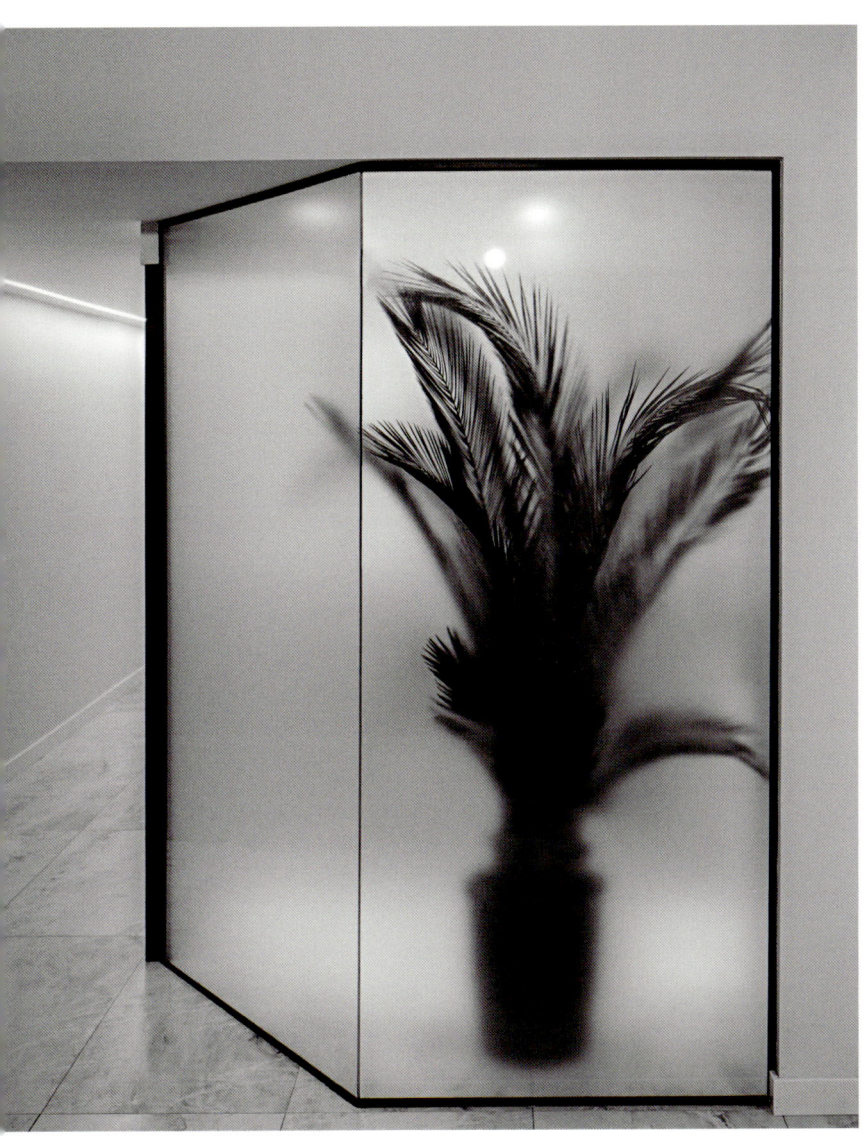

39. Barcelona, 2023. Serie *Vida secreta*

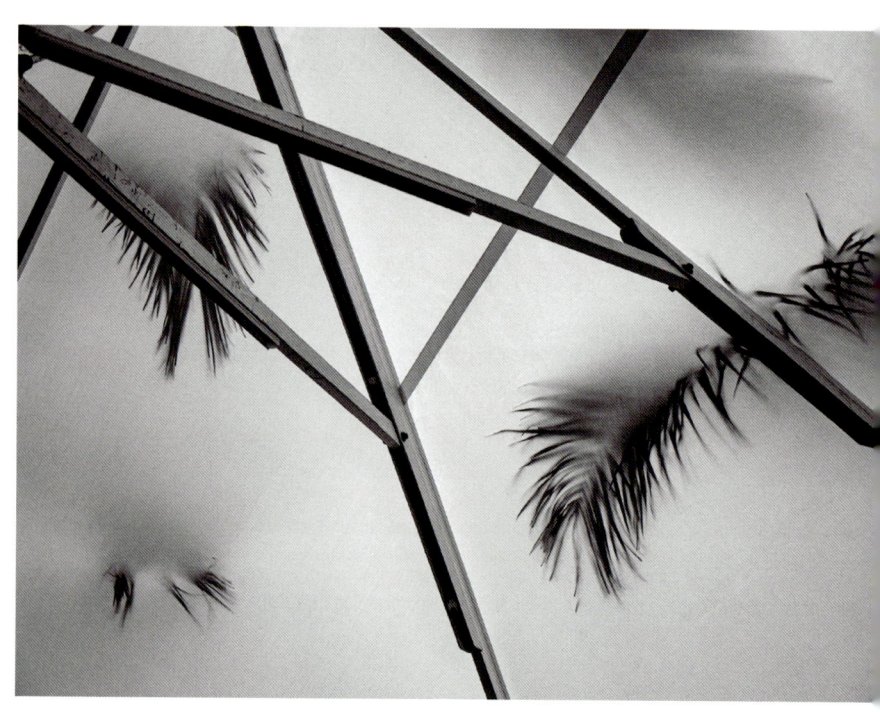

40. Barcelona, 2023. Serie *Vida secreta*

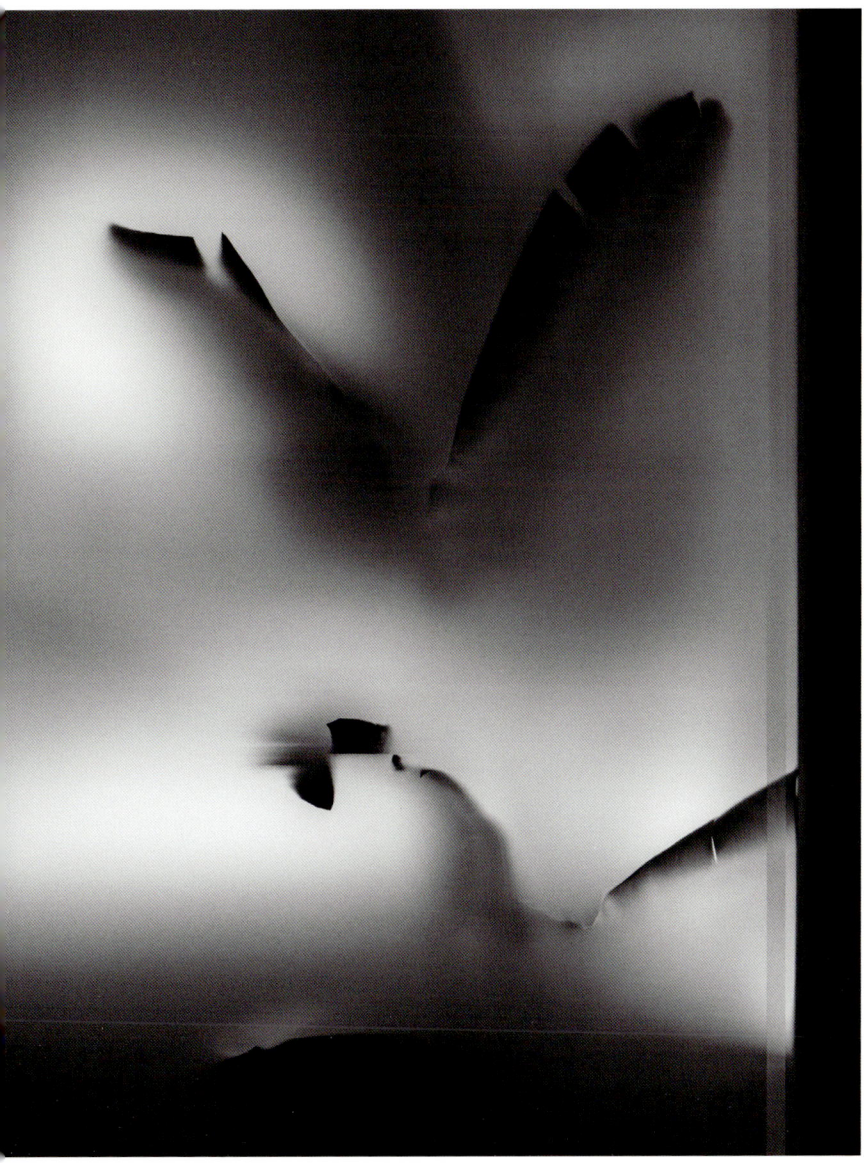

41. Madrid, 2022. Serie *Vida secreta*

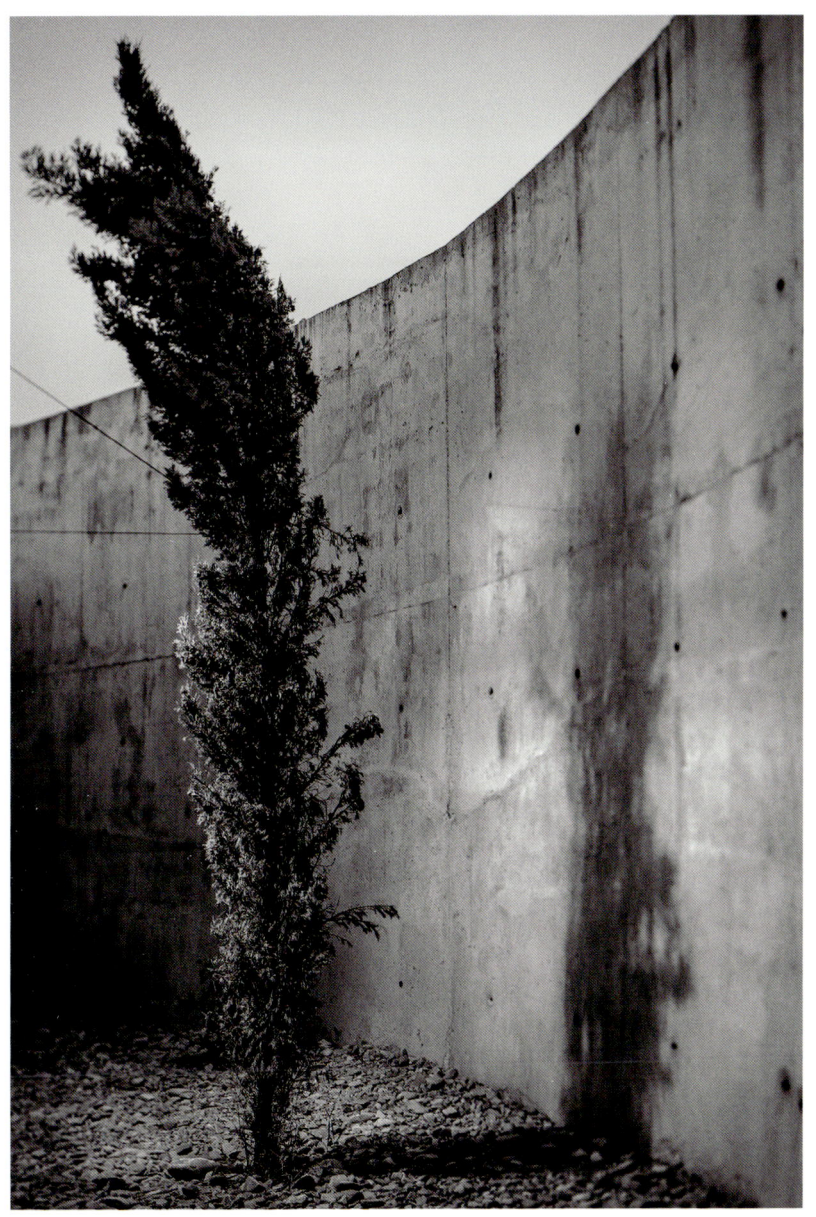

42. Baracaldo, 2007. Serie *Vida secreta*

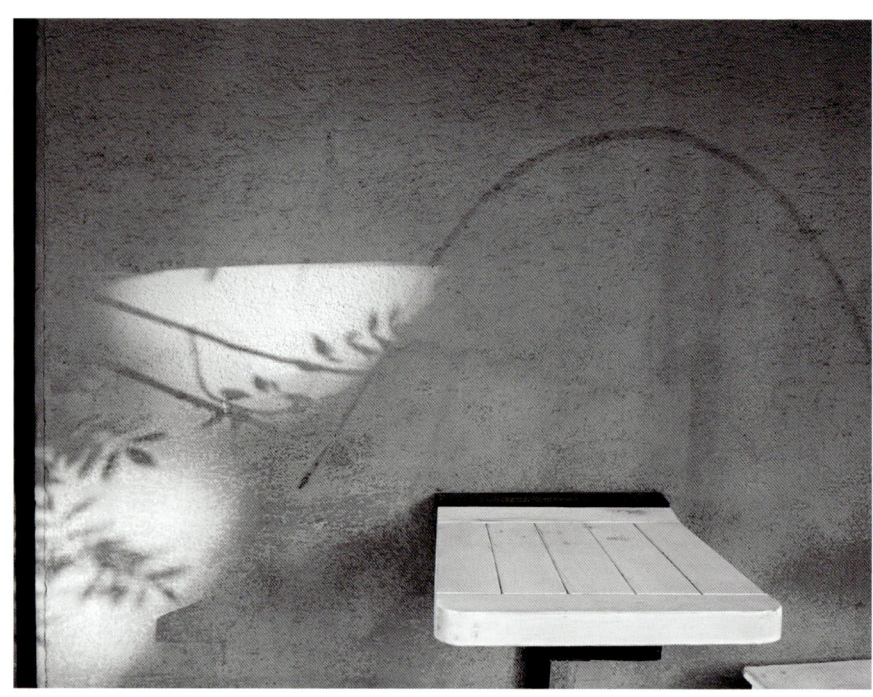

43. Budapest, 2019. Serie *Vida secreta*

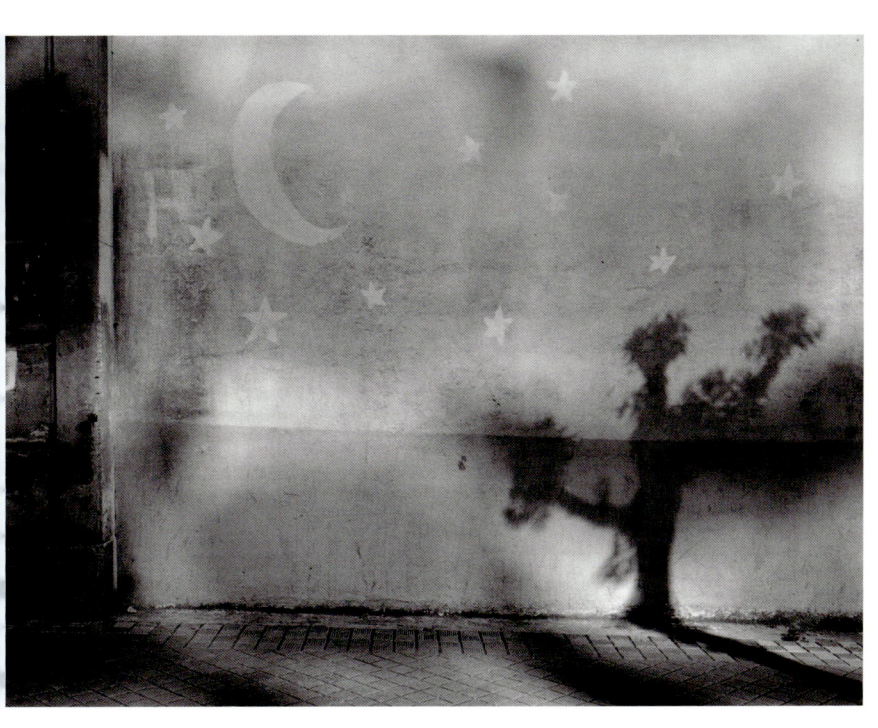

44. Pamplona, 1995. Serie *Vida secreta*

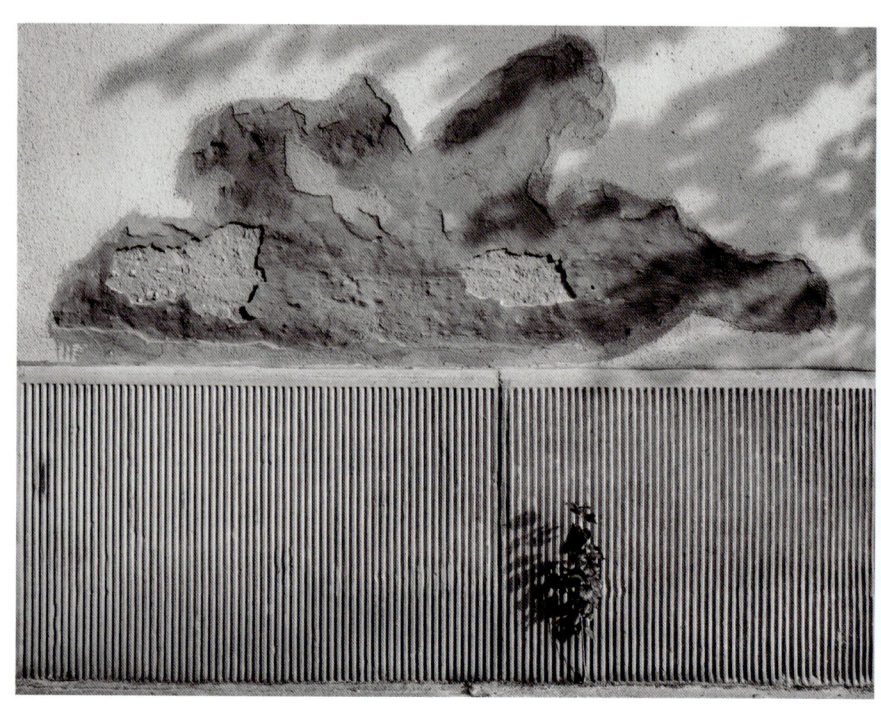

45. Budapest, 2019. Serie *Vida secreta*

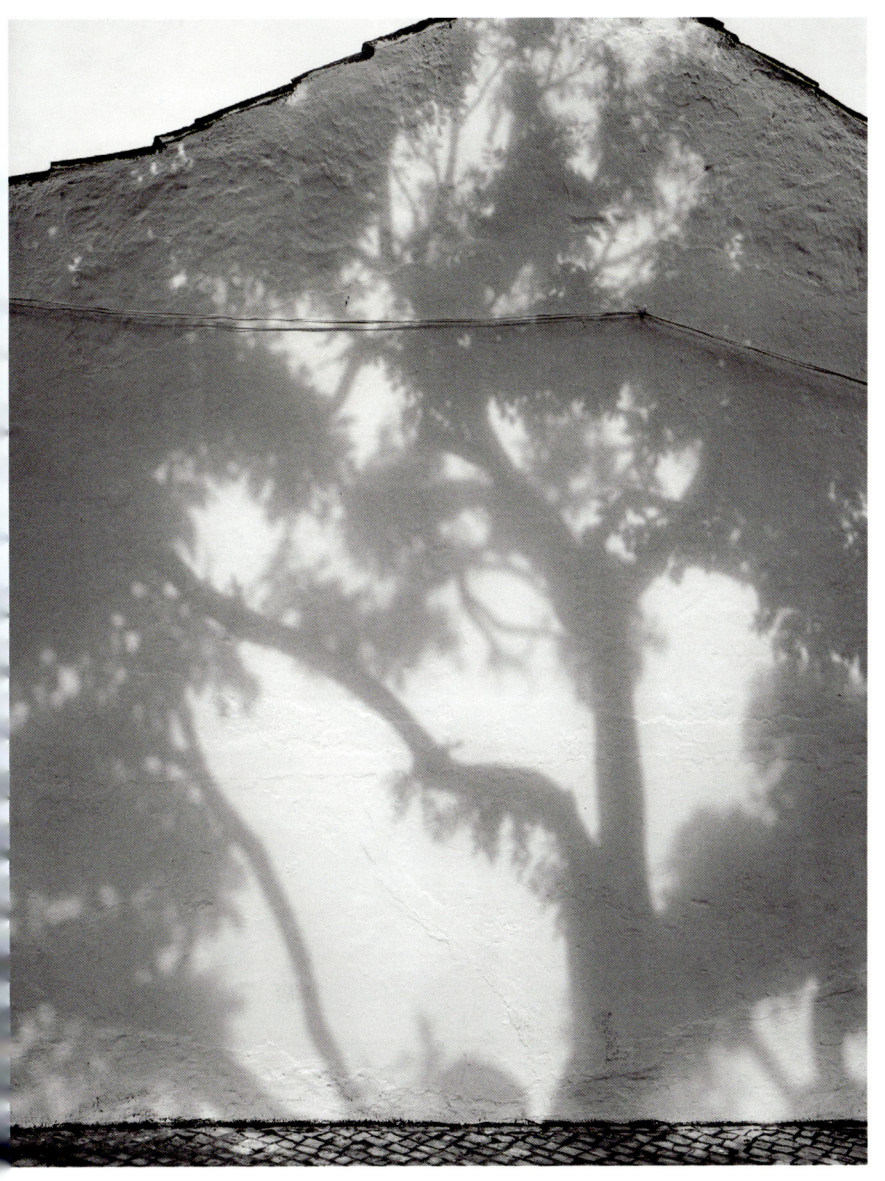

46. Évora, 2006. Serie *Vida secreta*

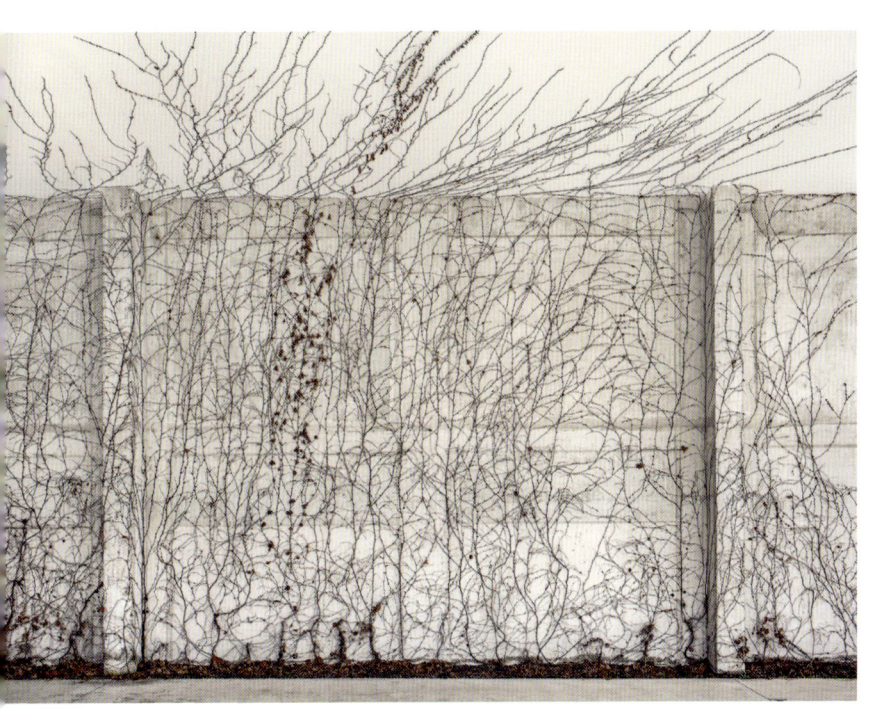

47. Sarriguren, 2014. Serie *Naturaleza y control*

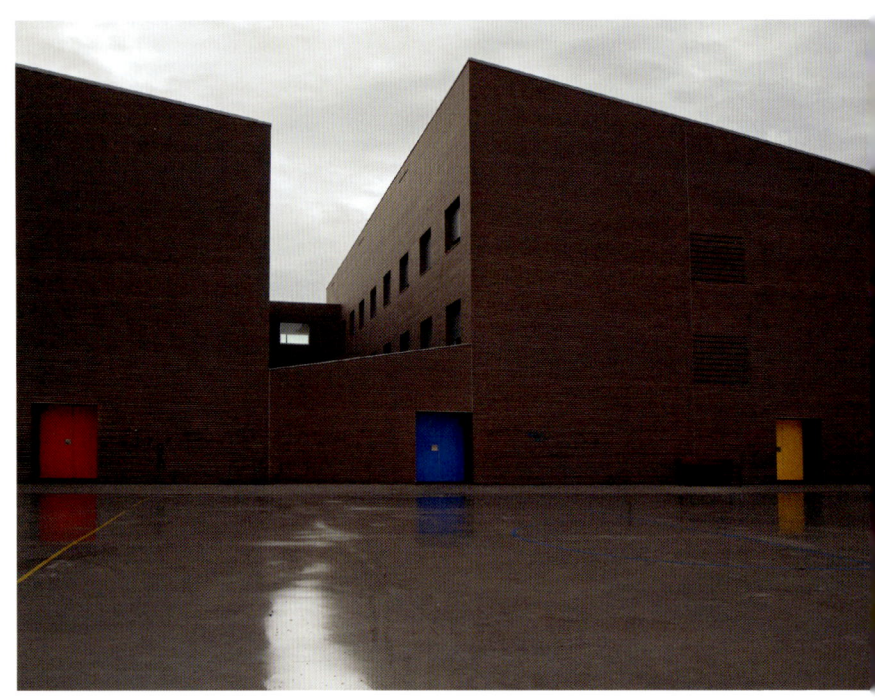

48. Zizur Mayor, 2008. Serie *Séptimo cielo*

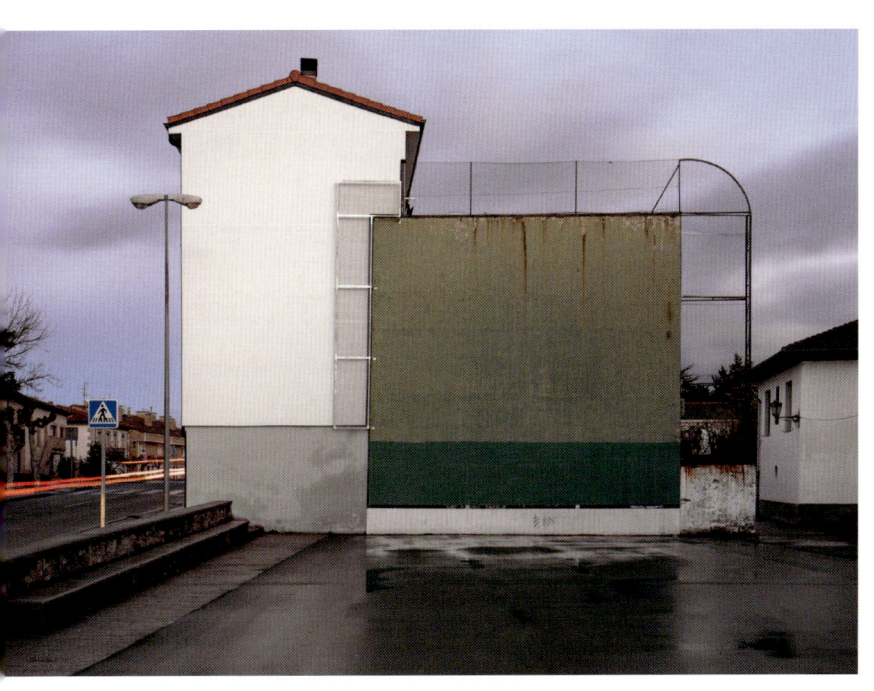

49. Zizur Mayor, 2019. Serie *Séptimo cielo*

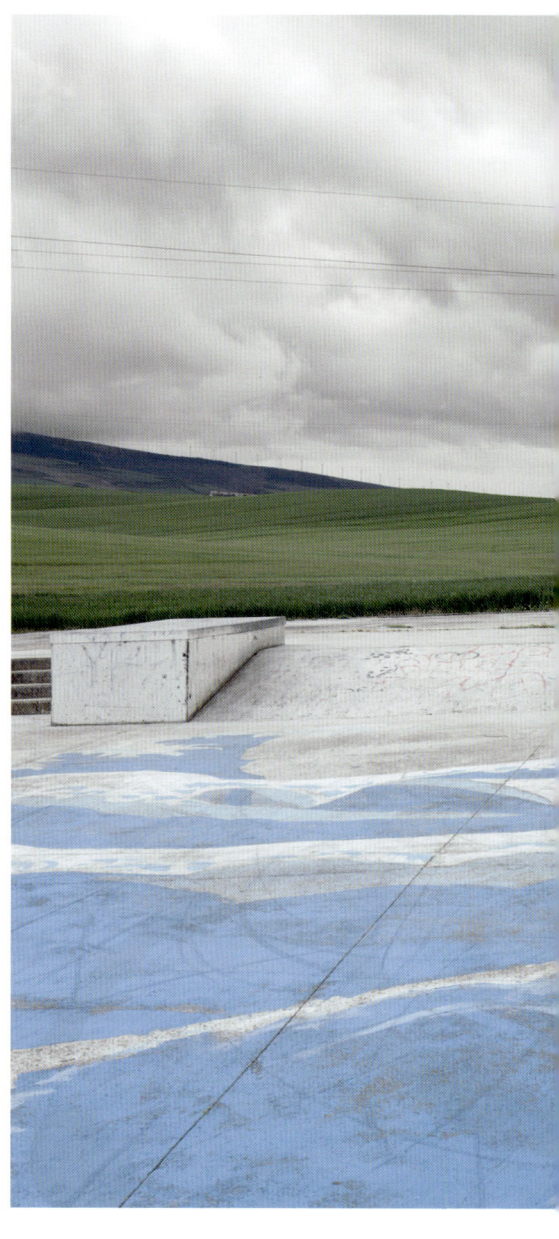

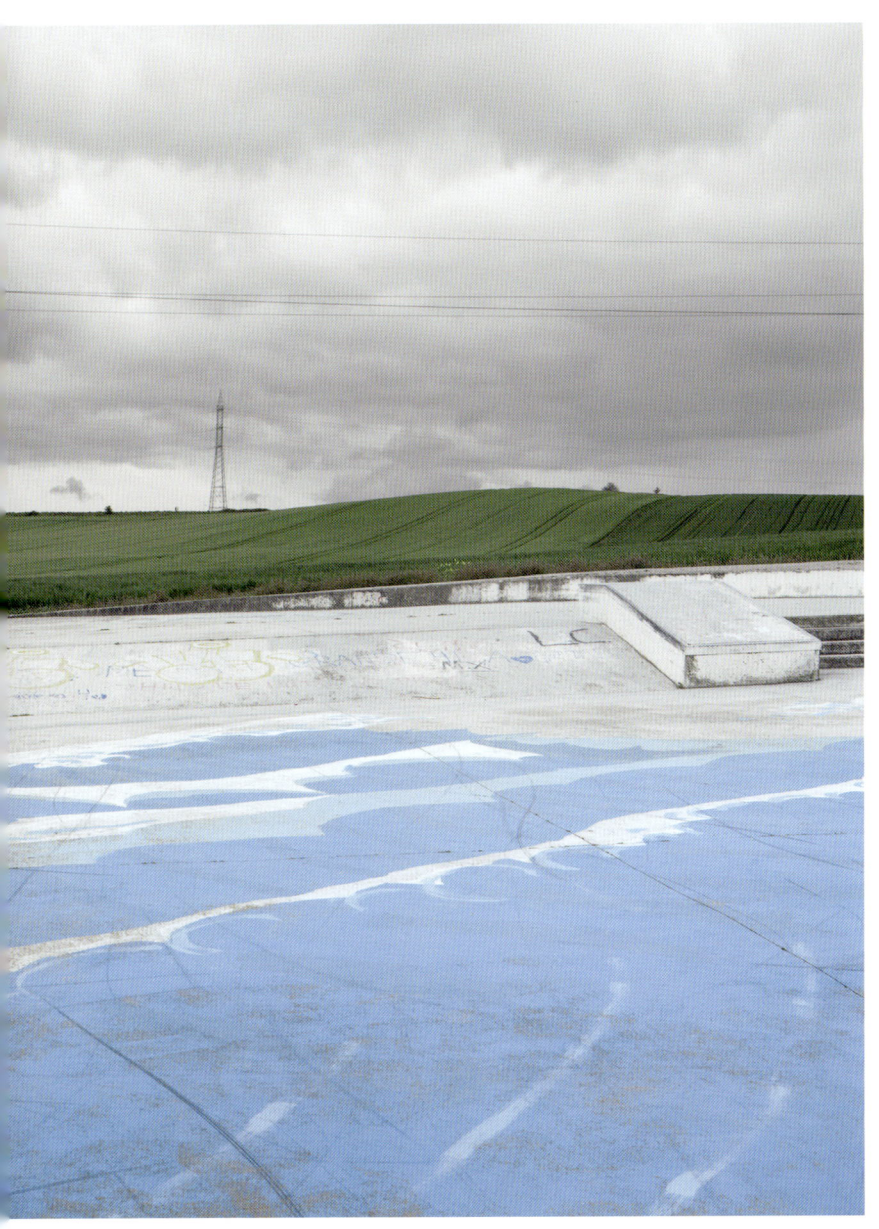

50. Zizur Mayor, 2016. Serie *Séptimo cielo*

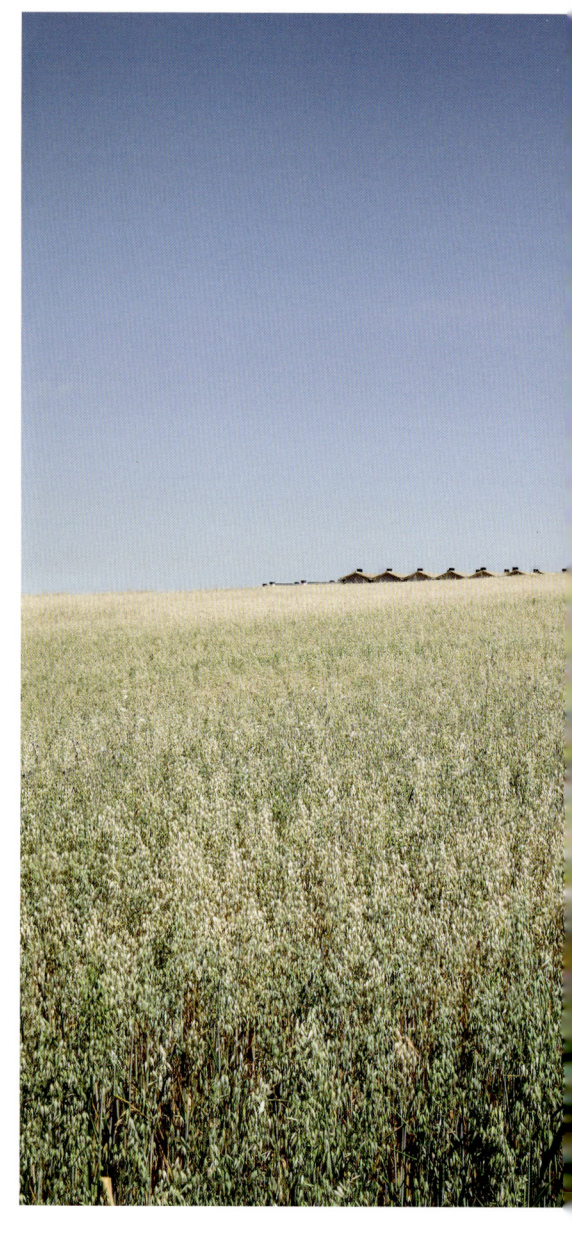

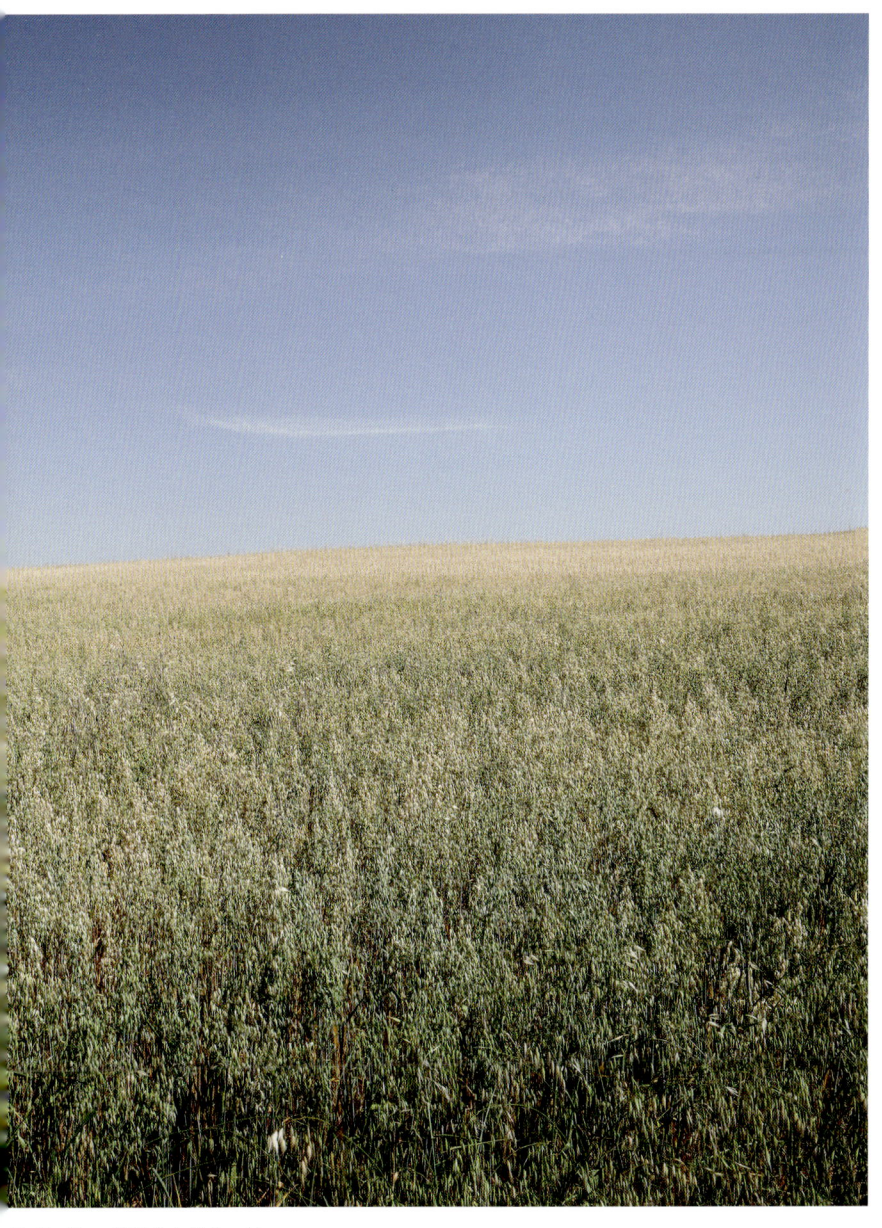

51. Zizur Mayor, 2015. Serie *Séptimo cielo*

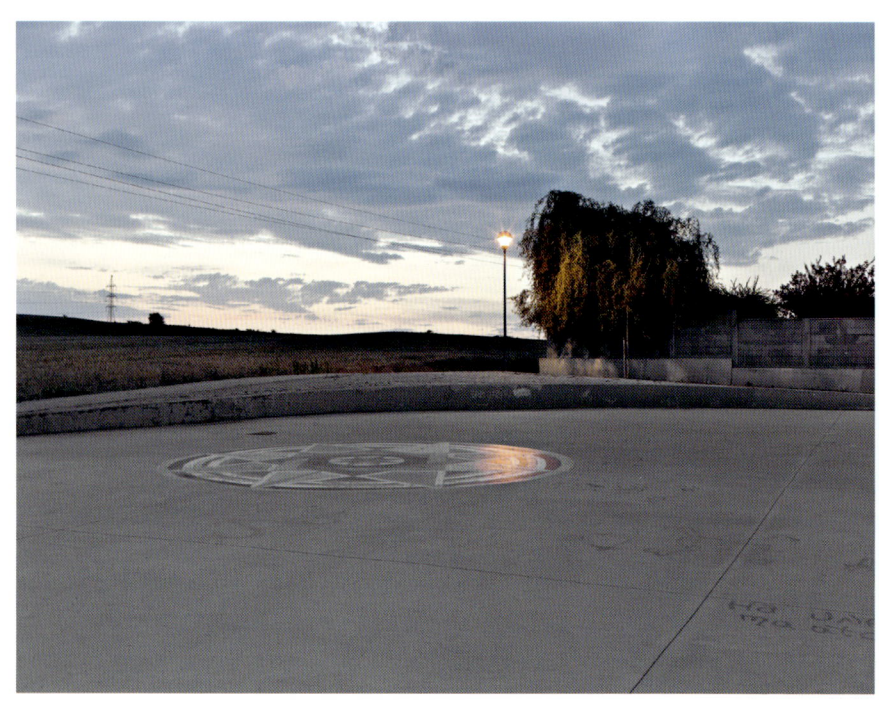

52. Zizur Mayor, 2010. Serie *Séptimo cielo*

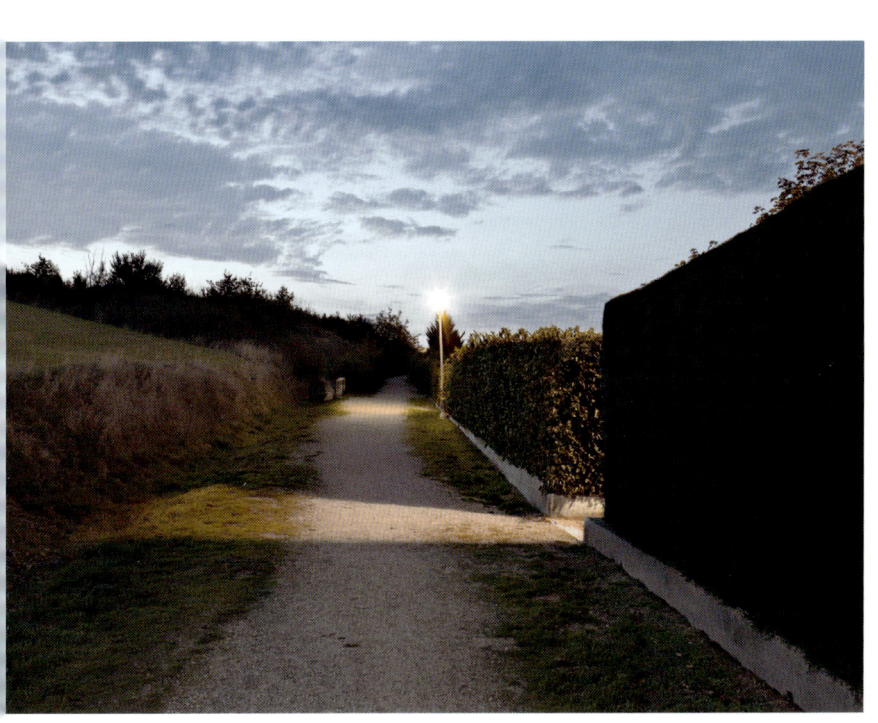

53. Zizur Mayor, 2008. Serie *Séptimo cielo*

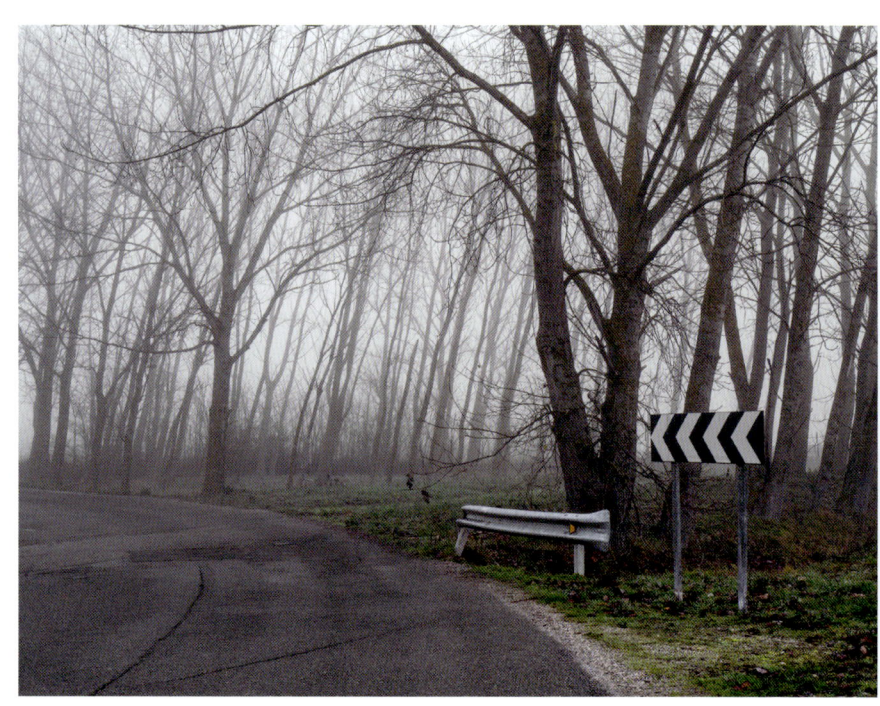

54. Zizur Mayor, 2018. Serie *Séptimo cielo*

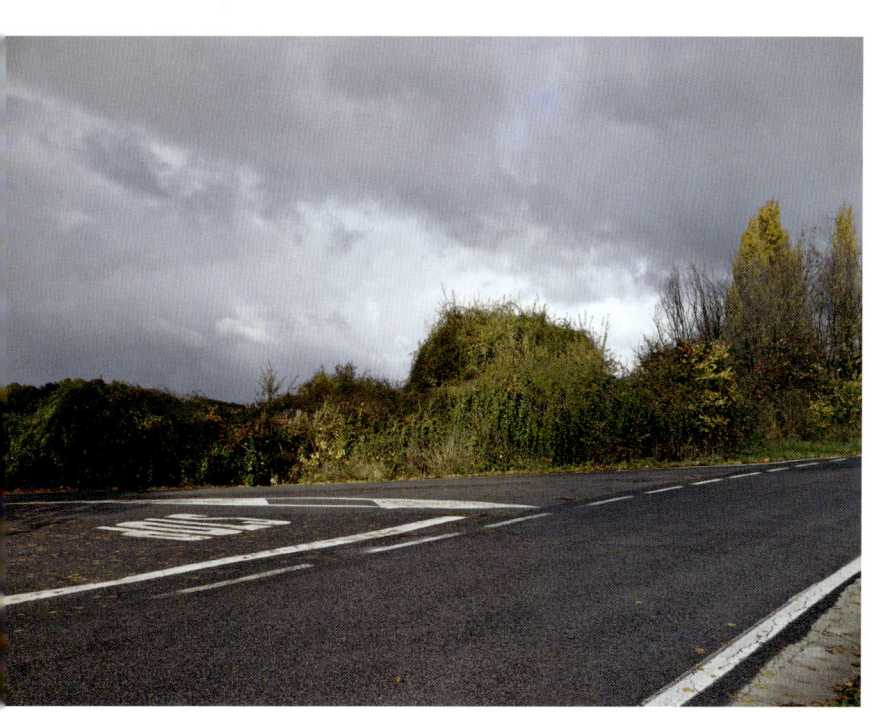

55. Zizur Mayor, 2010. Serie *Séptimo cielo*

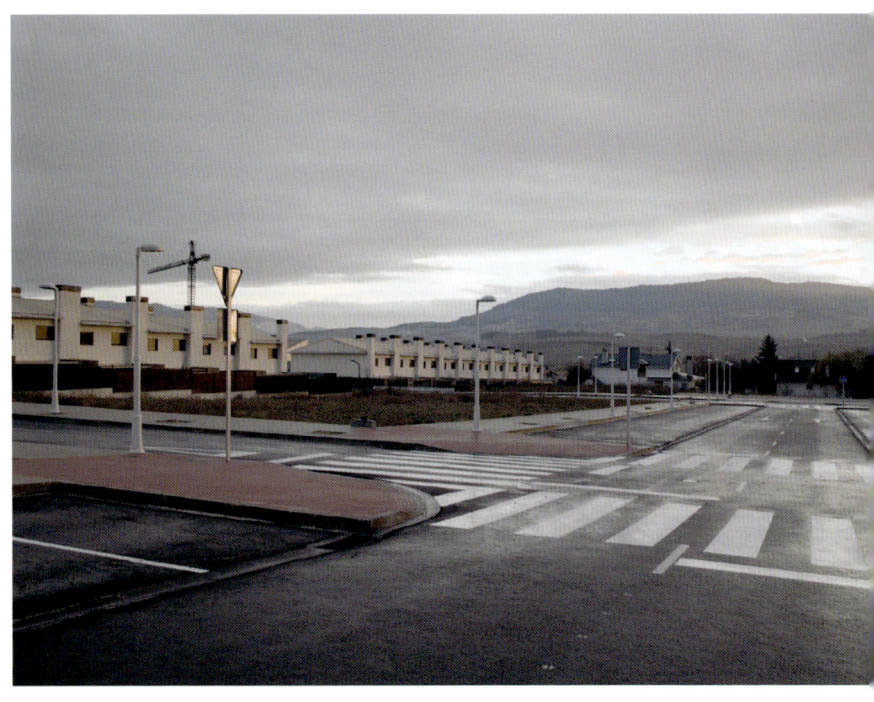

56. Zizur Mayor, 2007. Serie *Séptimo cielo* (obra integrada en el proyecto *Tender puentes*, Fundación Universitaria de Navarra)

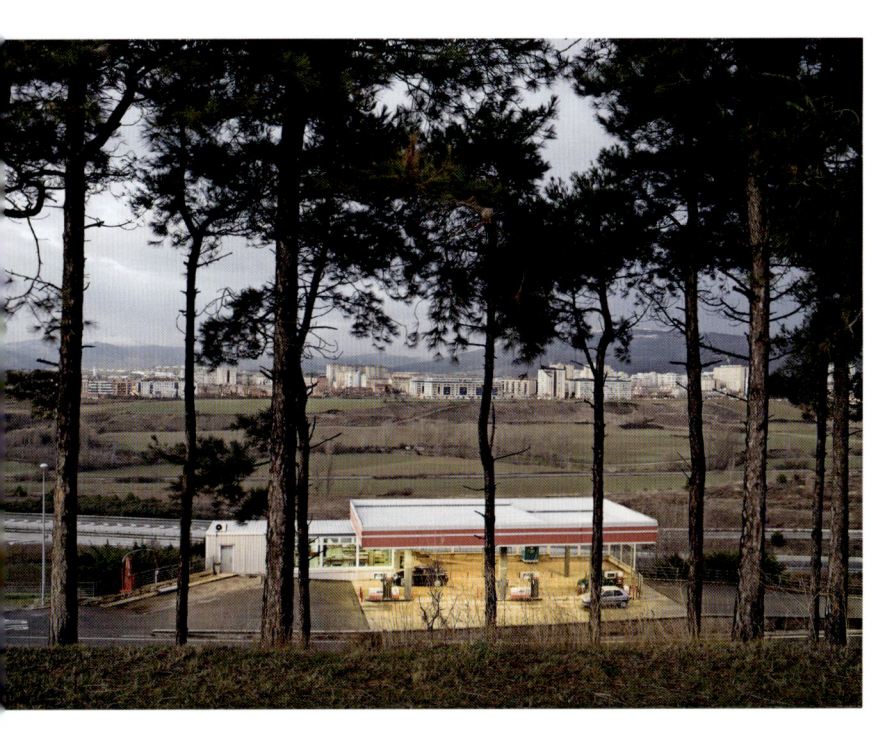

57 . Zizur Mayor, 2008. Serie *Séptimo cielo* (obra integrada en el proyecto *Tender puentes*, Fundación Universitaria de Navarra)

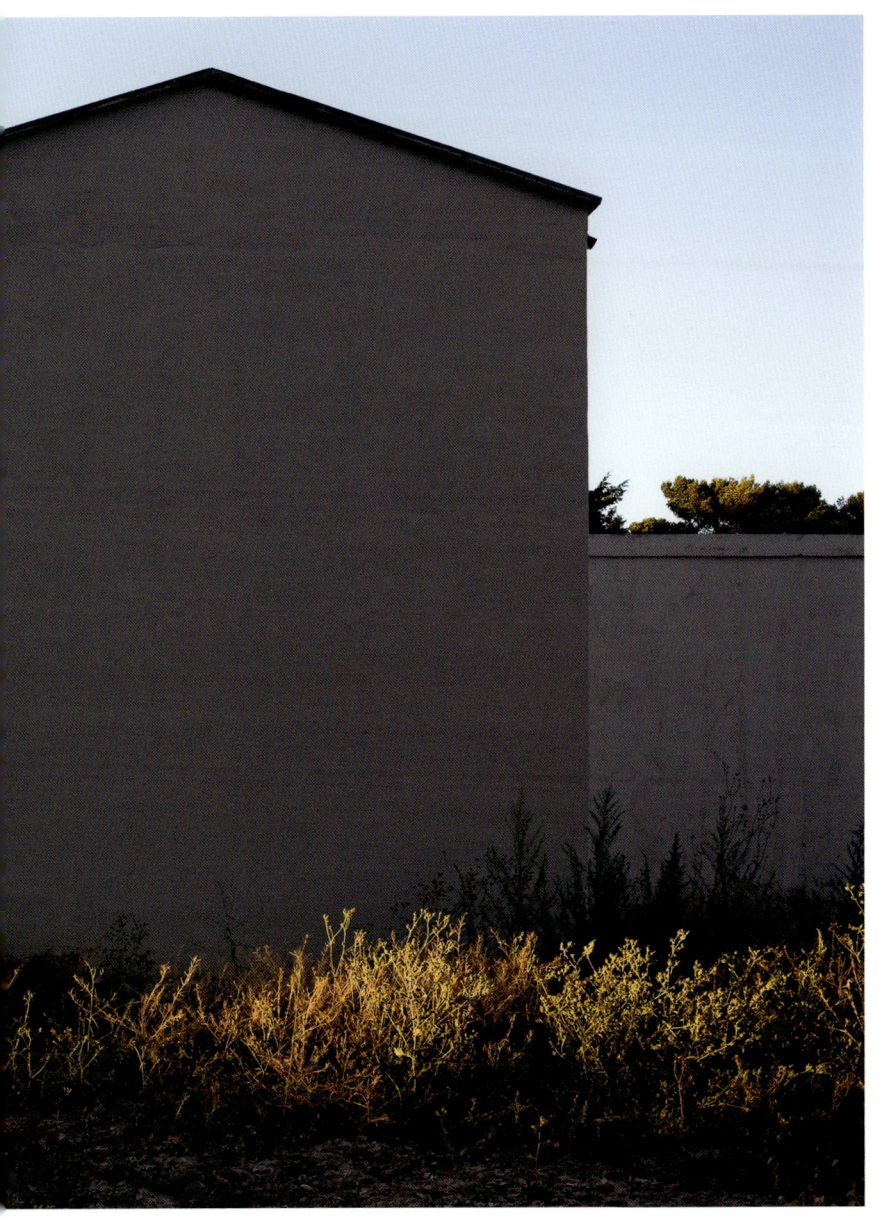

58. Zizur Mayor, 2007. Serie *Séptimo cielo*

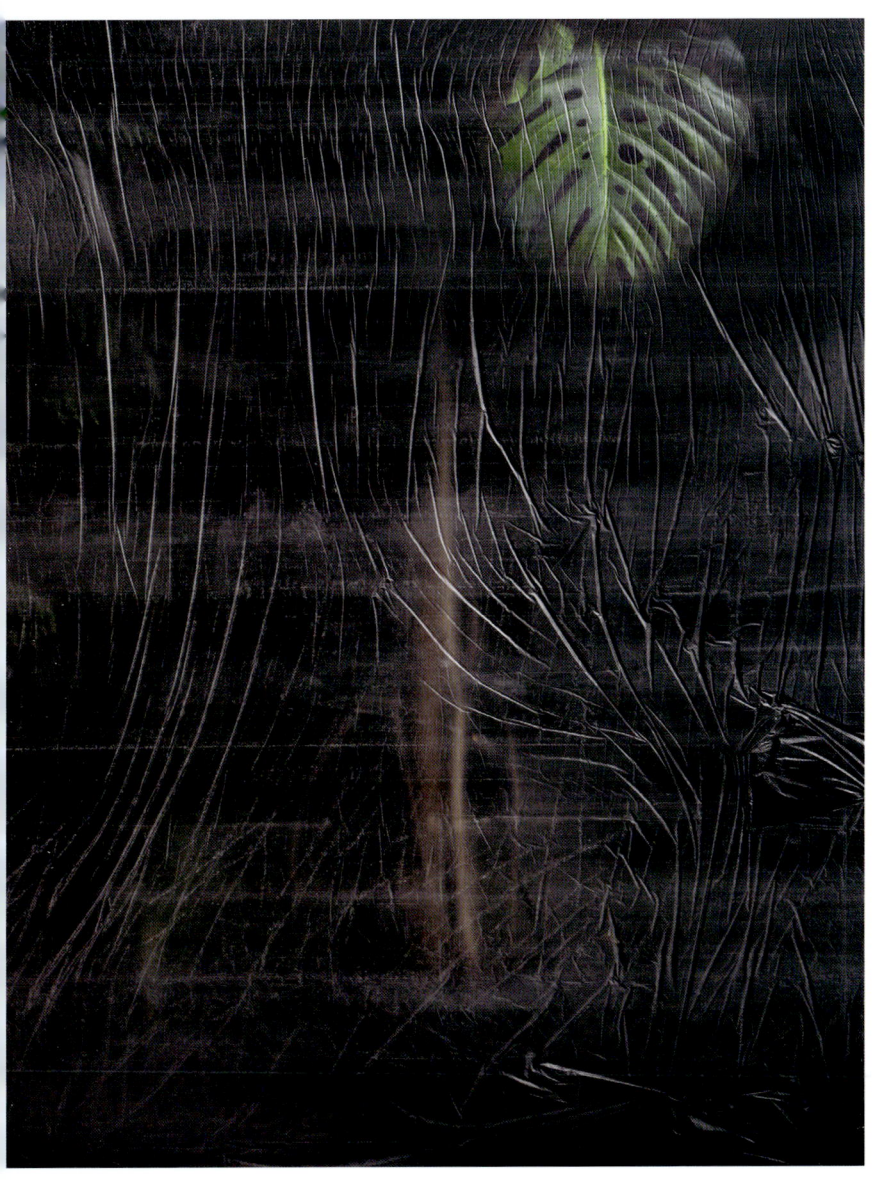

59. Budapest, 2022. Serie *Naturaleza y control*

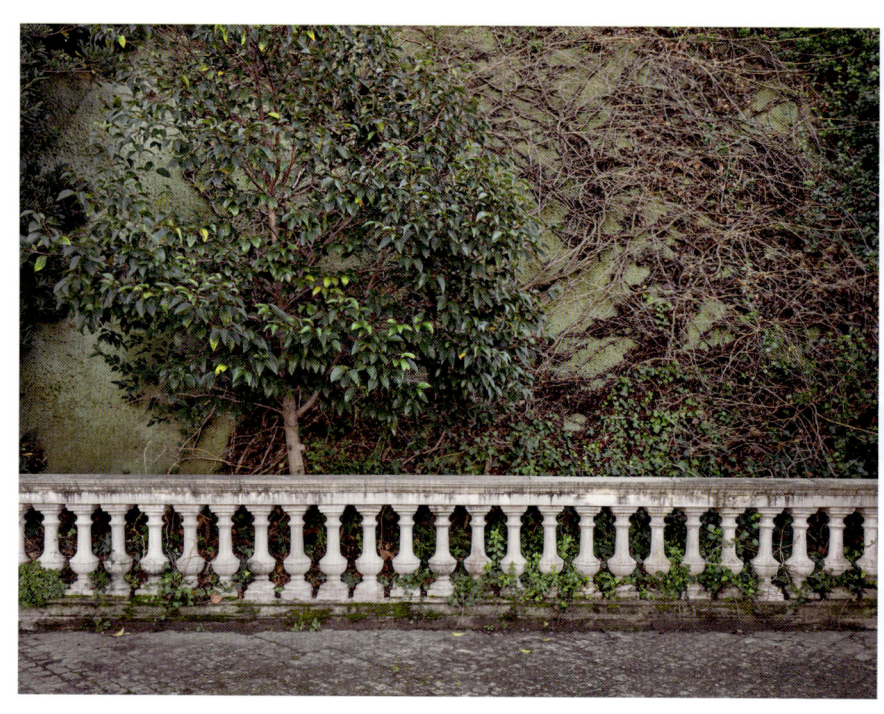

60. Barcelona, 2020. Serie *Naturaleza y control*

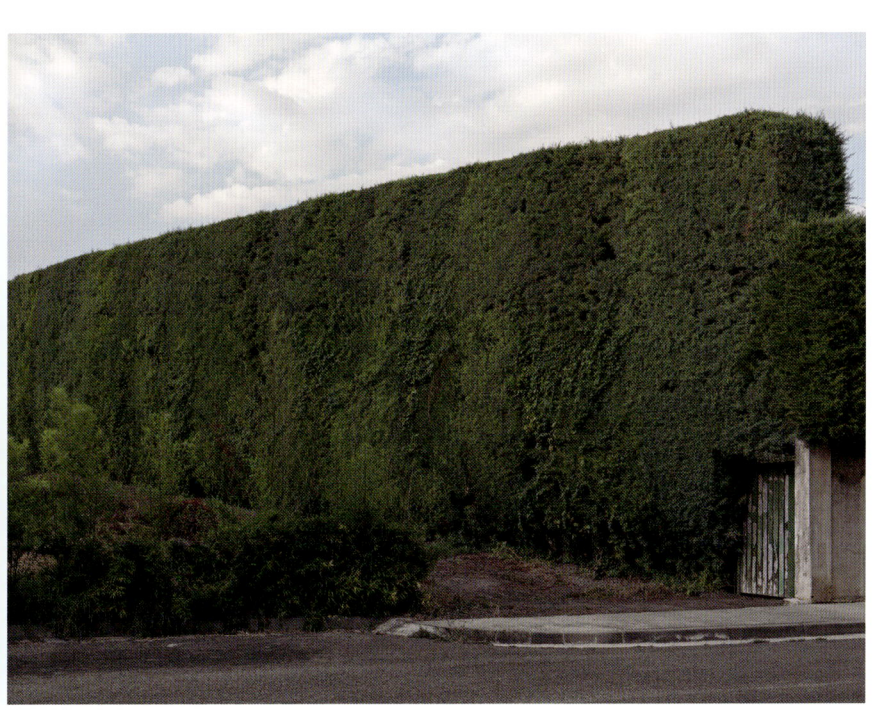

61. Zizur Mayor, 2018. Serie *Naturaleza y control*

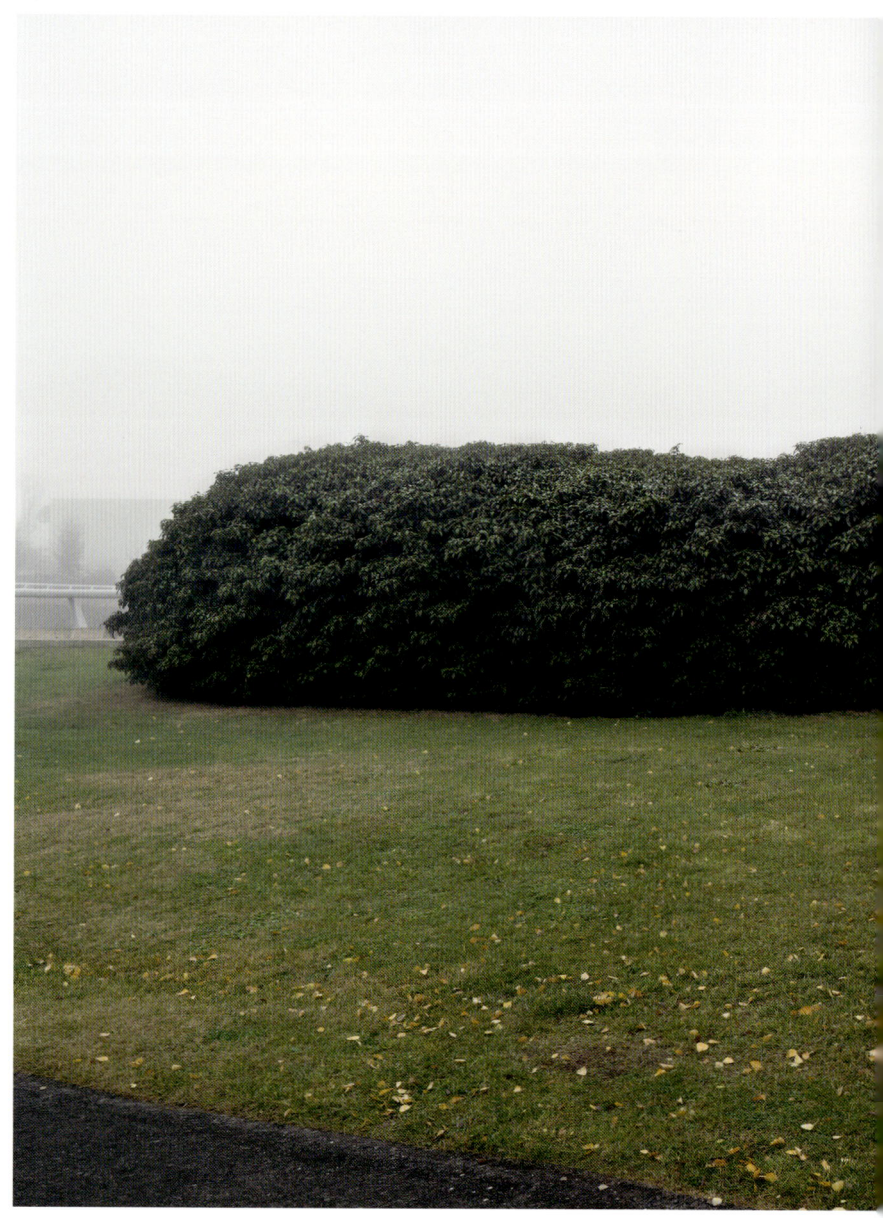

62. Zizur Mayor, 2017. Serie *Naturaleza y control*

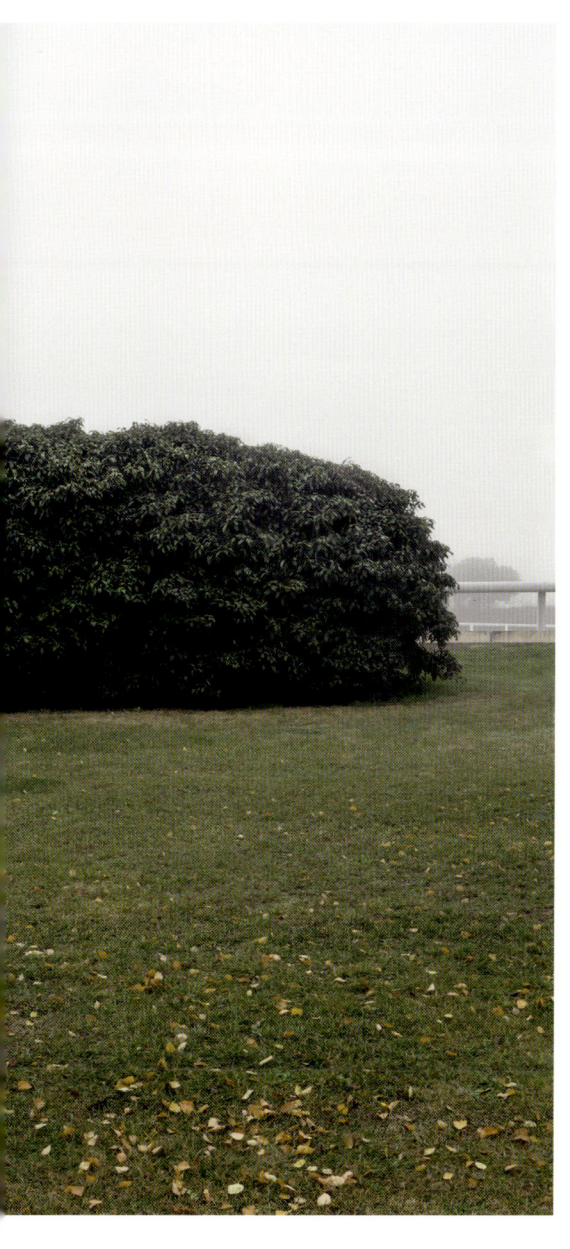

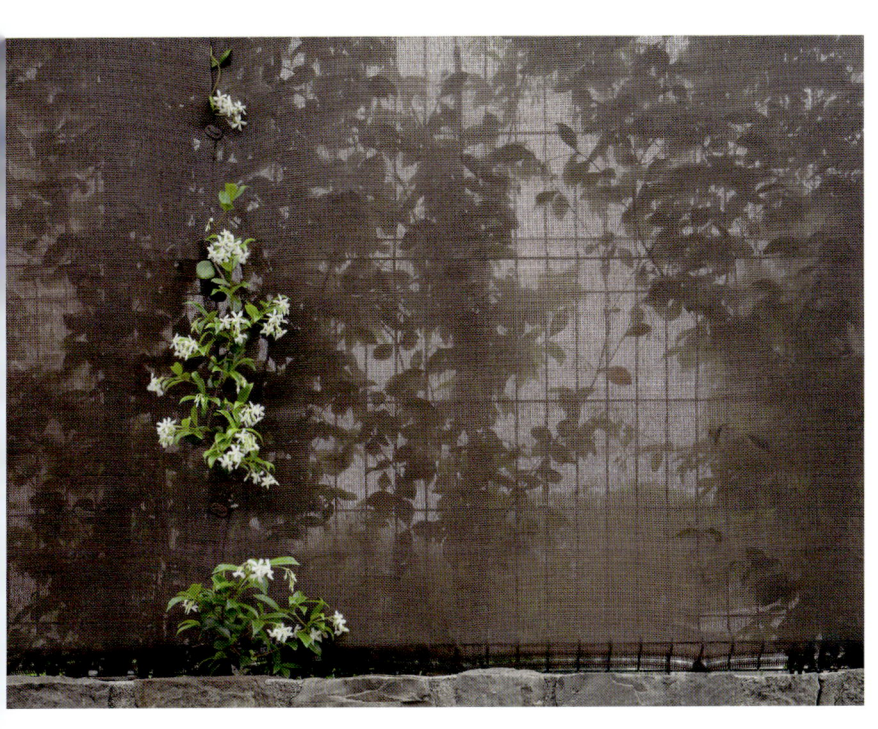

63. Zizur Mayor, 2020. Serie *Naturaleza y control* (Parlamento de Navarra)

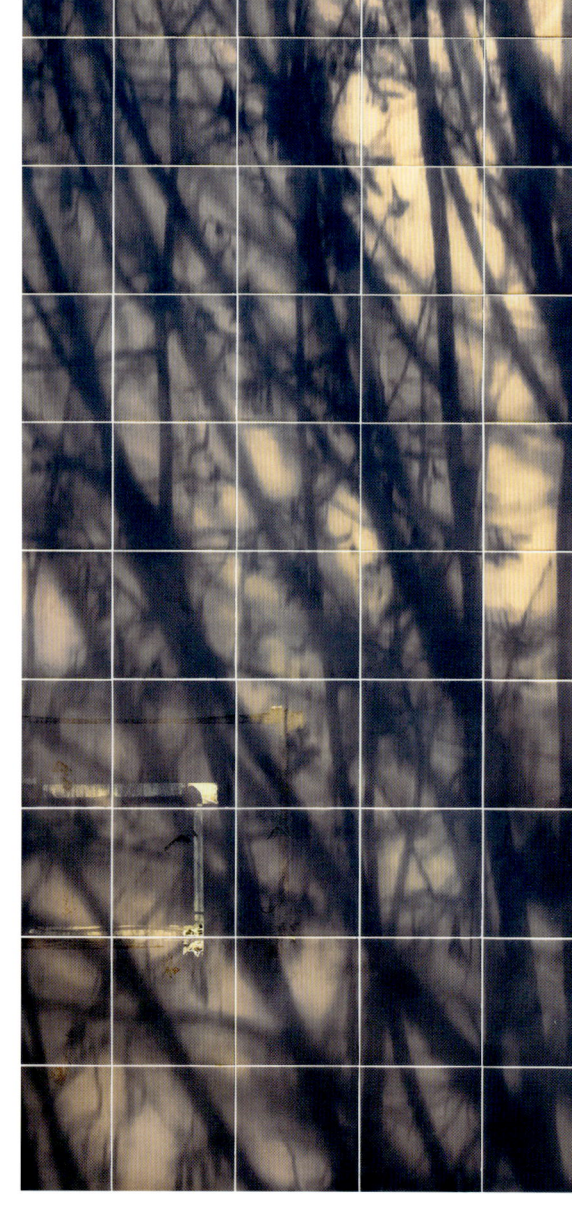

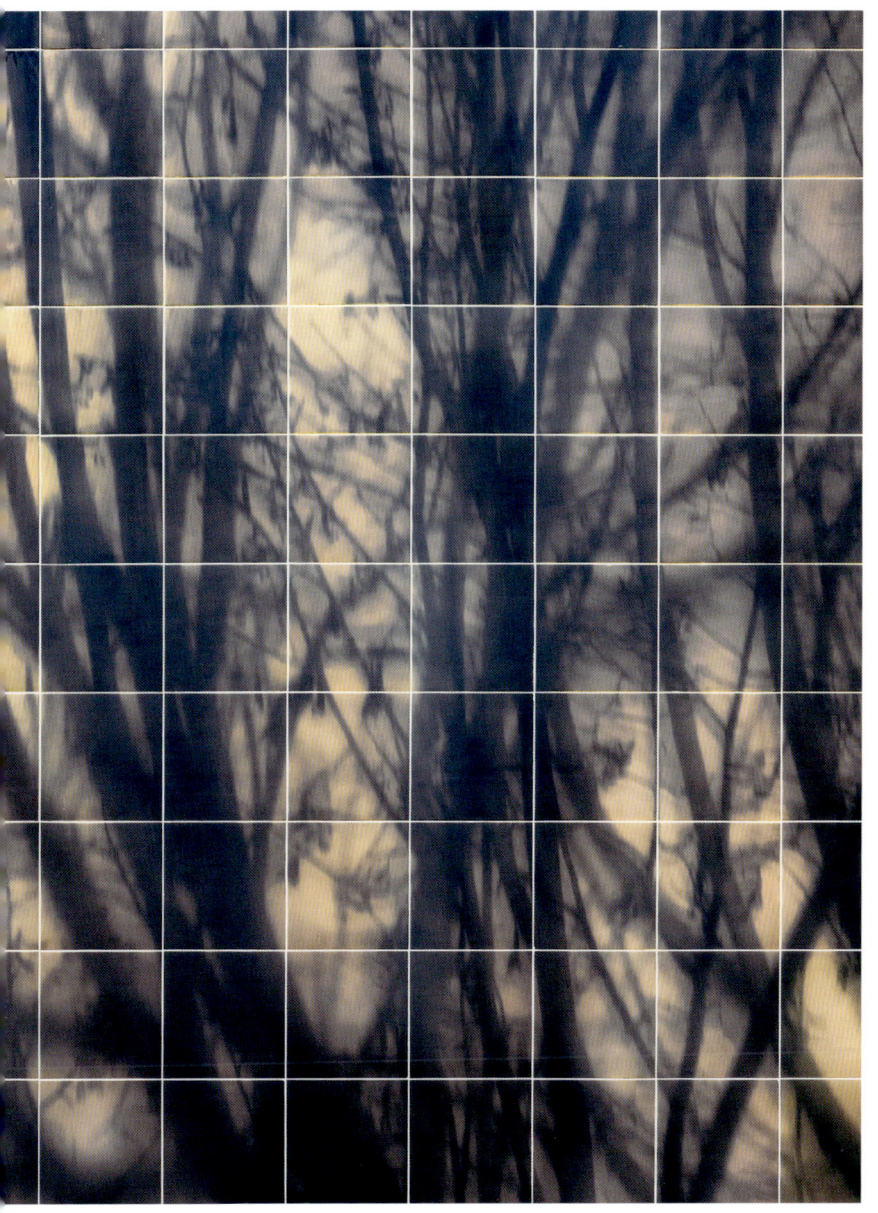

64. Zizur Mayor, 2021. Serie *Naturaleza y control*

Cronología

1951 Nace en Hellín (Albacete).
A los seis meses, su familia se traslada a Pamplona, donde reside desde entonces.

1956-66 Cursa estudios primarios, Bachillerato y COU en un colegio religioso de la capital navarra.

1967-69 Comienza a trabajar en una entidad bancaria a la vez que cursa estudios de Peritaje Mercantil.
Cursa, sin concluir, estudios de Profesorado Mercantil.

1970-72 Realiza trabajos de iluminación, cámara y montaje en un largometraje argumental y dos documentales cinematográficos.

1973 Realiza el servicio militar obligatorio.
Abandona la dedicación al cine, adquiere su primera cámara fotográfica y toma la decisión de ser fotógrafo.

1974-78 Participa en un buen número de concursos de fotografía nacionales y extranjeros, en los que obtiene numerosos premios.
Se hace socio de la Agrupación Fotográfica y Cinematográfica de Pamplona.
Expone en la Real Sociedad Fotográfica de Madrid.

1978 Abandona el mundo de los certámenes y concursos, y comienza a desarrollar series y proyectos fotográficos personales.

1980-83 Publica, junto a otros tres fotógrafos, el libro *Fotografías* (Pamplona, autoedición).
Desarrolla y expone en diversos espacios las series *Tapias* y *Plantas dolientes*.
Es nombrado miembro del Consejo Navarro de Cultura (1983-86)

1985-86 Realiza, con la serie *Extramuros*, las exposiciones inaugurales de las galerías Nueva Imagen (Pamplona) y Railowsky (Valencia).

1989 Publica *Apuntes para una historia de la fotografía en Navarra*, donde se recogen imágenes y notas escritas previamente para la Gran Enciclopedia de Navarra.

1990-92 Por encargo de Pere Formiguera, realiza un trabajo fotográfico sobre el Vallès Oriental (Barcelona).
Expone las series *Extramuros* y *Vallès Oriental* en el Museo de Navarra.
Participa en el proyecto *Fotografía española: Cuatro Direcciones*, MNCARS, Madrid.
Participa en la exposición *Open Spain*, Museum of Contemporary Photography, Chicago, muestra que recoge obra fotográfica de dieciséis fotógrafos españoles.

1993-94 Participa en los proyectos *Ría de hierro* (Bilbao Metrópoli-30, Bilbao) y *Paisaje sin retorno* (Museo de

Bellas Artes de Bilbao). Publica el libro *Deriva de la ría – Paisaje sin retorno* (BBK), con fotografías de este último trabajo y texto de Miguel Sánchez-Ostiz.

Publica el libro *Miguel Goicoechea, un pictorialista marginal* (Ikeder, Bilbao) sobre la obra del fotógrafo navarro.

1997-99 Expone *Paisajes fugaces*, un recorrido por sus trabajos fotográficos, en el Centre del Carme (Instituto Valenciano de Arte Moderno, Valencia). Se publica, con el mismo título, el libro-catálogo de la exposición.

Expone en Imago 99 – Encuentros de fotografía y vídeo (Salamanca), junto con Manolo Laguillo y Humberto Rivas.

2000-04 Desarrolla el proyecto *Itzulerak–Retornos* y se publica el libro homónimo con las fotografías del mismo (BBK-Bilbao).

Participa en el proyecto *España en Roma* (Instituto Cervantes), una exposición con las imágenes recorrerá diversas ciudades.

Expone en la muestra colectiva *España ayer y hoy*, Museo Centro de Arte Reina Sofía, Madrid.

Participa en el proyecto *Propuesta 2000*, que recoge fotografías de autores españoles y que viajará por distintos países.

Comienza a trabajar como profesor de fotografía contratado por la Universidad Pública de Navarra, labor que desempeñará hasta 2017.

2006-07 Expone la serie *Paisaje anónimo* en el Museo de Arte Contemporáneo Unión Fenosa, A Coruña.

Igualmente, expone en la galería Moisés Pérez de Albéniz (Pamplona), junto a otros trabajos personales, la serie *Vida secreta*.

2010 Participa en el proyecto *Tender puentes. Diálogo fotográfico entre el siglo xix y la modernidad*, Museo Universidad de Navarra, Pamplona, con imágenes de su serie *Séptimo cielo*.

Entre 2010 y 2017 es miembro del Comité Asesor del MACUF-Museo de Arte Contemporáneo Unión Fenosa, A Coruña.

2013 Publica el libro *Navarra – Fotografías*, un amplio estudio sobre la evolución y líneas maestras de la historia de la fotografía en esa comunidad.

Publica el libro *Séptimo cielo*, de la colección *Tender puentes* (MUN-Pamplona).

2015-16 Expone y publica, con el título *Por las mismas calles*, una selección de imágenes de sus sucesivas series sobre las plantas.

Participa, como representante español, en la exposición *Contemporary Identities – Invisible Gestures*, Instituto Cultural de México, Washington D. C.

Expone en la galería Espacio Marzana, de Bilbao.

2017-19 Producida por el Museo Universidad de Navarra y con la colaboración con el Museo ICO, de Madrid, expone en ambas entidades una revisión de sus trabajos en relación con la ciudad. Publica el libro *En el tiempo*, con las fotografías de esa exposición. La muestra se expondrá después en la Sala Rekalde de Bilbao.

2020-21 Recibe el Premio Príncipe de Viana de la Cultura 2020. Comienza a trabajar en las series *Naturaleza y control* y *Némesis*.

Con la coordinación de Foto Colectania, Barcelona, desarrolla un trabajo sobre la ciudad de Budapest. Un centenar de las fotografías realizadas se cuelga en las paredes del Hotel Kozmo, de la capital húngara. Trabaja en la edición de un libro sobre el proyecto.

2022-23 Con la dotación económica del premio Príncipe de Viana publica el libro *Estratos. Fotografía y palabras* (Gobierno de Navarra, Pamplona), un conjunto de imágenes, notas y textos recogidos a lo largo de su carrera.

La exposición *Plantas y circunstancias*, producida por el Patio Herreriano de Valladolid, recoge sus series sucesivas, desde 1981, sobre el mundo de las plantas. La muestra viaja luego al Centro Niemeyer de Avilés.

2024 Iniciado el trabajo en el año 2012 (Fundación María Forcada, Tudela), expone en la galería Moisés Pérez de Albéniz (Madrid) las fotografías de la serie *Motivo y pretexto. En torno a Rafael Moneo*, un recorrido personal sobre la obra del arquitecto navarro.

www.carloscanovas.com

Constructing Photographs

Alejandro Castellote

To quote Luis Camnitzer, one of the most influential of Latin American conceptual artists, before the emergence of photography it was the task of Realist painting 'chiefly to transfer dots from reality to canvas. The greater the number of dots, the greater the appearance of reality. Painters' virtuosity enabled audiences to admire the skill and the time taken to represent – to present again – the original on canvas. However, the fact that the photographic camera collected all the information at once and could render it at a much higher resolution than the hand of the painter, brought confusion. It was no longer necessary to lug anything around. Rather than stealing their images, photography stole their time.'

In 1841, Swiss teacher, writer, painter and cartoonist Rodolphe Töpffer also reflected on the advent of photography, 'The camera furnishes an identical imitation of objects, but the machine is unable to go any further. At this point its work has concluded, and it's time for the artist's work to begin. … No sooner do artists assume the procedure – that is shared by all – so they can apply it based on the specific impression it causes, that they immediately turn it into a *way of doing,* i.e., into a form no longer of imitation but of expression.'[1] In the dawn of our era, Quintilianus declared that art will only evolve 'thanks to what is added to it'. He was referring to the possible deficiencies in Aristotelian mimesis.

Like many photographers, Carlos Cánovas devoted his early years – over half a century ago – to mastering the techno-chemical procedures of photography in order to achieve the greatest possible realism, formalities that evoke the famous Greek *techne*. Since then he has made use of light, of the composition of fragments, the focal distance of lenses or the spectrum of hues and contrast between his positives and negatives to offer strong sharp visions of the scenes he portrays. This explains why he has always worked with low film speed, using developers that remove grain, that superficial *screen* thanks to which since the appearance of the Leica camera photographs have been interpreted as stories of

---

[1] *Buscando lo imposible. Volumen 3*. Praxis. 'Rodolphe Töpffer. Sobre la placa Daguerre: a propósito de *Las excursiones daguerrianas*. Reflexiones y trivialidades de un pintor ginebrino (undécimo opúsculo), Ginebra, marzo de 1841', M. Llorens and R. Mutell (eds.). Translated into Spanish by Ana Galán, Museo Universidad de Navarra, 2023, p. 305. Our version from the Spanish.

events or reports. Grain has also been used in cinema, in Super 8 films, for instance, to add a layer of vagueness that suggests stories related to memory.

And yet Cánovas has always wanted to step across the border of the duplication of reality, striving to add something else, as we learn from the numerous texts he has written on his work that describe the structural framework of his photographs and reveal his desire to express, albeit incidentally, *the ineffable*. In order to do so he uses a thorough epistemology that explains the methodological and rational construction of his oeuvre, his doubts and perhaps the most unique aspect of his works: the emotional drive attached to them, a sort of systematic excavation of the successive strata in which they coexist with that other fundamental drive in his life, the scopic drive, that gives him the ability to perceive images, to perceive himself through them and recount his experience to others. The ensemble of his texts, annotations and carefully chosen quotes reflects on the elements shaping his *personal grammar*, defined by George Steiner as 'the articulate organization of perception, reflection and experience, the nerve structure of consciousness when it communicates with itself and with others'[2]. This would be summed up by Cánovas himself years later in a single sentence, 'I wanted the camera to see as I saw', a statement that presents and highlights the close connection between creator and creation.

The essence of his oeuvre hinges upon such poetics (a term defined by the Royal Spanish Academy as an author's study of his own work), and upon the poetics of his gaze, a lyrical gaze nurtured in uncharted territories — liminal spaces, ambiguous areas where things cease to be what they were to potentially become suggestions of what he calls suspended time, or visions on the threshold of perception. Perhaps the word that best describes his photographic work is *Ansichten*, a polysemic German term that can be interpreted as view, vision or picture in the painterly sense.[3]

---

[2] George Steiner, *Grammars of Creation: Originating in the Gifford Lectures for 1990*, Yale University Press, New Haven and London, 2002, p. 6.
[3] This term was chosen by Humboldt as the title of his book *Ansichten der Natur*. For historian Elisa Garrido Moreno, '*Ansichten* is the most interesting concept when studying Humboldt. It is the idea that best represents the Humboldtian vision of perfect union between art and science, rigorous analysis and the expression of feelings produced in man by nature'. Elisa Garrido Moreno, *Arte y ciencia en la pintura de paisaje Alexander von Humboldt*, Department of Art History and Theory, School of Philosophy and Letters, Autonomous University of Madrid, Madrid, 2015, p.16 (Ph.D. thesis). Our translation from the Spanish.

Let's begin with walls, epithet that names one of his first series and an element that in his oeuvre alternates what he calls the tasks of debarring and screening. Walls enable him to separate foreground from background, granting him exactly the right distance. They hinder the gaze and yet are elements that allow him to trace the optical journey through images, subtly guiding and pitching the gaze of viewers in their contemplation and understanding of content. They help construct the notion of perspective in visual terms, both in the absence and in the obvious presence of vanishing points. Indeed, they are often the main feature of his images, in which case they adopt the role of a screen for shadows, 'A screen so transparent that it denies its own existence', to quote Émile Zola. On such screens Cánovas registers two-dimensional projections that obscure and break up the realism of the representations and, without highlights, take on a pictorial quality, transitioning from Renaissance depth to Modernist flatness, the epitome of abstract painting for Clement Greenberg.

As we learn from Victor I. Stoichita, the shadow has always been the poor relation of the reflection; in other words, it is removed from truth and is therefore far from the specular paradigm that sustains Aristotelian mimesis. 'They are unreal although similar doubles', and open a door that allows for the introduction of an element in photographic hyperrealism that changes with light, turning shadow into a form of optical illusion. In some cases shadows even adopt a second function, becoming metaphors with poetic nuances and taking the interpretation of what is depicted to the place inhabited by contemplation and the imagination.

Landscapes

In the year 440, in the first lines of *An Introduction to Landscape Painting*, Chinese painter and musician Zong Bing made the first written mention of the cultural construct of landscape, stating that 'While having substance, it tends toward the spirit'. Moroccan geographer and Orientalist Augustin Berque rescued this opening quote and extended its meaning, declaring that landscape has at once a physical existence, which doesn't in itself imply a human existence, and a presence in the human spirit, that necessarily entails a history and culture.

This ambivalence described by Zong Bing abounds in Carlos Cánovas's urban and industrial landscapes, and in those bordering on nature. His series entitled *Extramural,*

Estuary Drift, Iron Estuary and *Landscape of No Return, Vallès Oriental* (1990), a commission by Pere Formiguera, and some of the photographs from *Anonymous Landscape* illustrate this coexistence between material and visible substances, and the visual drift that opens the door to immaterial and invisible relations. They all reveal the three levels of the life of a landscape suggested by Berque, 'that of nature, that of society and that of an individual contemplating a landscape in person or through a depiction'.[4] Cánovas represents the landscape of these *melancholy metropolises* as a palimpsest, a canvas encumbered with signs and remnants of the past, rewritten in the present. He represents these territories in transformation showing the obsolescent identity of the places that experienced the Industrial Revolution in the mid-nineteenth century — textile manufacturing in certain areas of Catalonia, and iron, steel and shipping manufacturing in Biscay. In these projects, postindustrial ruins are a visual trope of an essentially metaphorical nature, because the attention paid to them by Carlos Cánovas has more to do with the quality of suspended time revealed by their contemplation that he finds so fascinating.

It's not easy to find natural landscapes free from human domestication in urban environments and their limits, which explains why Cánovas is drawn to urban wildness. The photographs of trees and untrimmed undergrowth taken in town areas in Pamplona and assembled in the series entitled *Remote Landscapes* would be the nemesis of *Melancholy Plants*, a series produced during the first decades of his career. The veiled mentions of 'the drama of loneliness and pain' that, to quote the photographer, surround urban plants that have grown in contact with human beings – a context now critically called the Anthropocene – are transformed into images by the domestic and domesticated plants in this series. In general, plants are a motif to which he constantly returns, regardless of the commission or self-commission on which he may be working, and he naturally classifies them into series under different names. Presumably, this organisational need helps him control his dispersed interests as a photographer. The last of these series pays tribute to the album that became the soundtrack of the documentary *The Secret Life of the Plants* by Walon Green. The record, not very well known, was

---

[4] Augustin Berque. *El pensamiento pasajero*, Javier Maderuelo (ed.). Translated into Spanish by Maysi Veuthey. Biblioteca Nueva, Madrid, 2009, p. 83. Our version from the Spanish.

entitled *Stevie Wonder's Journey Through 'The Secret Life of the Plants'* (1979), a paragon of sensitivity described by some critics as 'painfully sweet' and 'disconcertingly beautiful'. These descriptions could well be applied to the emotions that emerge in unexpected places in Cánovas's photographs and which he uses to share his own process of subjectivisation in a sort of low-key solipsism.

Walking

'My photographic rhythm is that of walking', says Cánovas. The maxim reminds us of Thoreau,[5] but above all it provides us with essential evidence for understanding the way he works: walking and standing still. Speaking of distant familiarities, we could also mention the Situationists, who in the mid-twentieth century used strategies that have gone down in history as characteristic of the movement; the most well known of these is the psychogeographic drift, an urban roaming guided only by the flow of atmospheres that intends to record and understand the effects it generates in people's emotions and behaviour. At the end of the day, walking is also a way of seeing oneself, of being alone with oneself, imbued by the purpose of looking and representing. Walking alone is a universal strategy that triggers reflection. According to neuroscientists, walking promotes transitions from one brain state to another, integrating the right and left hemispheres, the rational and the emotional brains, etc. It doesn't seem hare-brained to suggest that the mental state resulting from this aimless wandering prior to the taking of his photographs affects his consideration of a specific scene. He clarifies it for us, 'My photographs do not evolve from an experience of place. On the contrary, they emerge when that place suddenly appears. It appears and makes me aware of its presence'. In other words, 'only in loneliness can we have "an awareness of place"'.

Two key factors must be borne in mind to understand how Cánovas constructs the internal structure of his photographs. The first is his distance from the motif. Distance, a decisive element for exterior, *plein-airiste* photographers, can be either rational or emotional. Cánovas appraises the importance of distance in his work as follows, 'In actual fact, [for me] distance is the sum of distances: between the detail and the general

---

[5] See Henri David Thoreau, *Walking*, CreateSpace Independent Publishing Platform, 1998.

view, between the indispensable and the contingent, between the instant and eternity, between assertion and elucidation'. The second is related to composition and is responsible for showing the temperature and the aesthetic dimension of his perception through the photographic framing of his subjects. For a photographer like him, so exquisitely meticulous in the construction of his images, this is not a minor issue. All that appears in his works is under his control. The elegance of the compositions, especially those that play with geometric shapes, is the result of the exhaustive formal and conceptual monitoring of the shots. This explains why for decades he delayed his transition to colour, waiting for all the elements in this modality to obey his authority, i.e., his authorship.

He began to take colour photographs in 2007 and did so in his favourite trial ground, the area surrounding his home in Zizur Mayor and Cizur Menor on the outskirts of Pamplona, that could otherwise be a non-place on the fringe of any European city. That was where the *Seventh Heaven* series was born, in which he introduced colour as an added layer of meaning, a layer that appeals to another sort of perception linked to the sensory — climate, light variations at different times of the day or moments when artificial light takes on a dim glow. Conversely, the inner structure of his pictures enables him to play with rectangles of colour that give an unexpected prominence to the geometric composition of the photographs. Some seem to pay a silent tribute to Piet Mondrian, while others might bring to mind Richard Misrach, Joel Sternfeld and further members of the New Color Photography movement that flourished in the seventies and eighties and was the subject of a monographic book by Sally Eauclaire. Carlos Cánovas is happy with all these aesthetic simultaneities for, to paraphrase Steiner, he is aware and assumes that no form of art is born from nothing: it is always a re-elaboration.

Alejandro Castellote

Comisario independiente, editor, ensayista y profesor de fotografía, fue director artístico de PHotoEspaña en sus tres primeras ediciones, entre 1998 y 2000, y ha ejercido como comisario en festivales y bienales de Asia, Europa y América Latina. De 2014 a 2016 fue director del Máster latinoamericano de fotografía contemporánea del Centro de la Imagen de Lima. Entre sus exposiciones destacan *Mapas Abiertos, Fotografía Latinoamericana 1991-2002, Luis González Palma. Constelaciones de lo intangible* y *Perpetuum mobile* en PHE 24. En 2006 le fue concedido el Premio Bartolomé Ros a la mejor trayectoria profesional en fotografía española.

Independent curator, editor, essayist and photography teacher, Castellote was Artistic Director of the first three celebrations of PHotoEspaña, held between 1998 and 2000, and has worked as a curator at festivals and biennials in Asia, Europe and Latin America. From 2014 to 2016 he was Director of the Latin American Masters Degree in Contemporary Photography at the Centre of the Image in Lima. Outstanding among his exhibitions are *Open Maps, Latin American Photography 1991-2002, Luis González Palma. Constellations of the Intangible* and *Perpetuum mobile* at PHE 24. In 2006 Castellote received the Bartolomé Ros Award for best professional career in Spanish photography.

PHoto**Bolsillo**

Diseño original / Original design
Fernando Gutiérrez

Traducción / Translations
Josephine Watson

Producción / Production
Adriana Rodríguez

Preimpresión / Pre-press
Museoteca

Impresión / Printer
Brizzolis

© de las imágenes / images
Carlos Cánovas

© del texto / text
Alejandro Castellote

© de la presente edición / this edition
La Fábrica, 2024

ISBN
978-84-10024-44-1

DL
M-24233-2024

LA FABRICA

Fundador / Founder
Alberto Anaut

Director
Óscar Becerra

Director de La Fábrica Editorial / Publishing Director
César Martínez-Useros

Directora Editorial / Editorial Content Manager
Camino Brasa

Director de Distribución / Distribution Manager
Raúl Muñoz

La Fábrica
Verónica, 13
28014 Madrid
T. +34 91 360 13 20
edicion@lafabrica.com
www.lafabrica.com

Una coedición entre / A coedition between

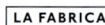 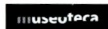 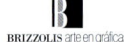 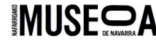 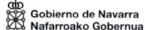

Biblioteca PHotoBolsillo

Biblioteca de Fotógrafos Españoles

Xavier Miserachs
Nicolás Muller
Humberto Rivas
Ricky Dávila
Koldo Chamorro
Francesc Català-Roca
Carlos Pérez Siquier
Luis Pérez-Mínguez
Gabriel Cualladó
Javier Vallhonrat
Miguel Trillo
Pilar Pequeño
César Lucas
Fernando Gordillo
Agustí Centelles
Baylón
Isabel Muñoz
José María Díaz-Maroto
Cristóbal Hara
Antonio Tabernero
Alberto García-Alix
Pablo Genovés
Clemente Bernad
Carlos Serrano
Ramón Masats
Óscar Molina
Cristina García Rodero
Pablo Pérez-Mínguez
Joan Fontcuberta
Navia
Ricard Terré
Fernando Herráez
Oriol Maspons
José Ignacio Lobo Altuna
Xurxo Lobato
Genín Andrada
Valentín Vallhonrat
Vari Caramés
Juan Manuel Díaz Burgos
Ferran Freixa
José Antonio Carrera
Manuel Vilariño
Kim Manresa

Rafael Navarro
Toni Catany
Luis Escobar
Marta Sentís
Chema Madoz
Ciuco Gutiérrez
Alberto Schommer
Ouka Leele
Manel Esclusa
Laura Torrado
Ángel Marcos
Ortiz Echagüe
Francisco Ontañón
Carlos Saura
Alfonso
Juan Manuel Castro Prieto
Pep Bonet
Juantxu Rodríguez
Paco Gómez
Virxilio Vieitez
Gonzalo Juanes
Rosa Muñoz
Leopoldo Pomés
José Ramón Bas
David Jiménez
Leonardo Cantero
Jordi Socías
Colita
Alfredo Cáliz
Gervasio Sánchez
Txema Salvans
Matías Costa
Emilio Morenatti
Pierre Gonnord
Ricardo Cases
Sofía Moro
Joan Tomás
Atín Aya
Rafael Trobat
José Cendón
Luis de las Alas
Chema Conesa
Ragel
Samuel Aranda
Rafael Sanz Lobato
Juana Biarnés

Manuel Outumuro
Cristina de Middel
Carlos Spottorno
Aitor Lara
Miguel Bergasa
Javier Arcenillas
NOPHOTO
Laia Abril
Blank Paper
Ricardo Martín
Eduardo Momeñe
Campúa
Jean Marie del Moral
Lydia Anoz
Victoria Iglesias
Nicolás Ardanaz
Pedro María Irurzun
Manuel Bello
Carlos Cánovas

Biblioteca de Fotógrafos Latinoamericanos

Luis González Palma
Casasola
Marcos López
Cia de Foto
Raúl Cañibano
Alberto Korda
Tito Caula
Alfredo Cortina
Ricardo Jiménez
Barbara Brändli
Paolo Gasparini
Vasco Szinetar
Soledad López
Luis Brito
Hellmuth Straka

Biblioteca de Fotógrafos Africanos

Jean Depara
Samuel Fosso
Mama Casset
Zwelethu Mthethwa

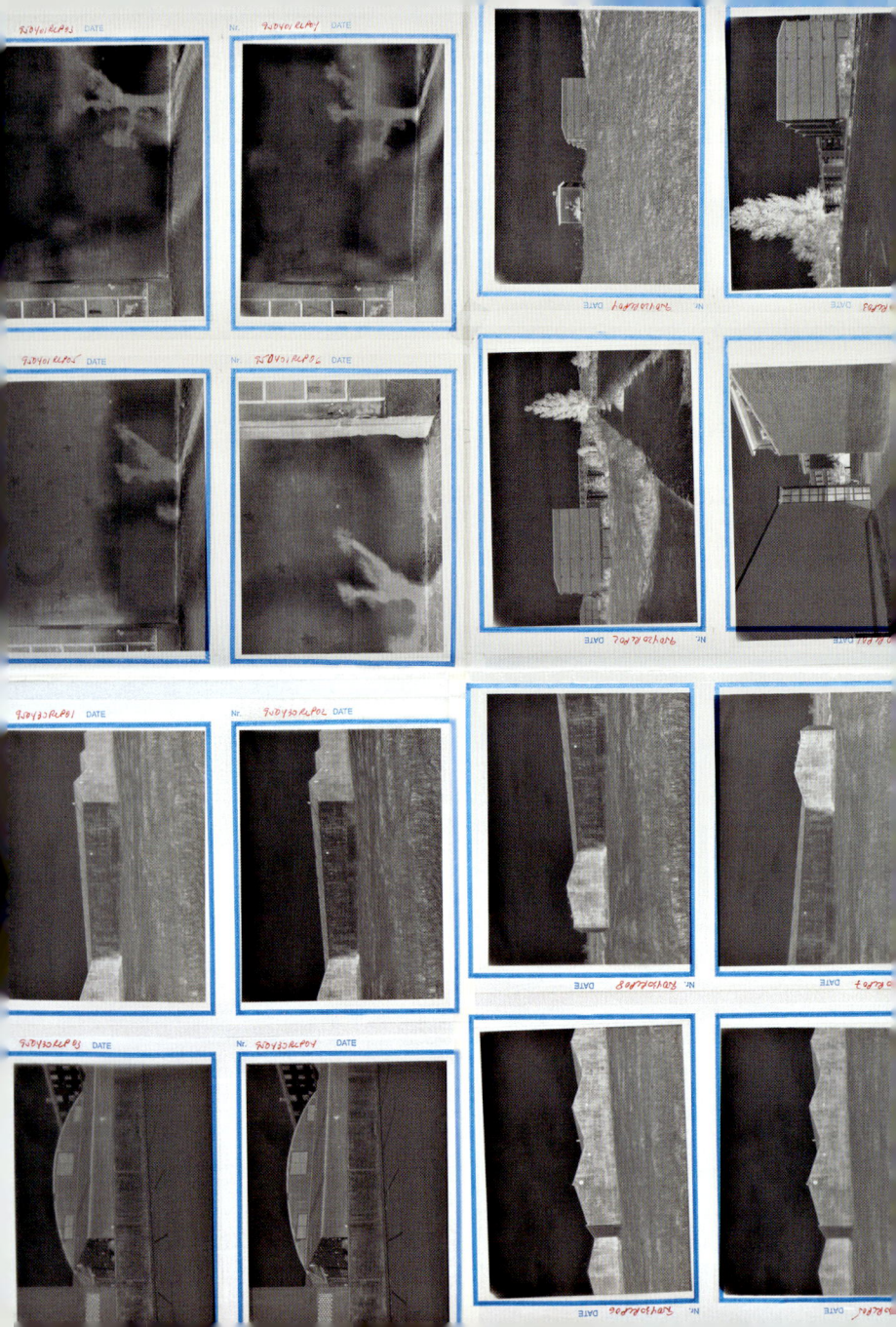